Everyday, enjoy coffee at home

# 最高の暮らしを楽しむ住まいのレシピ

著 cafenoma

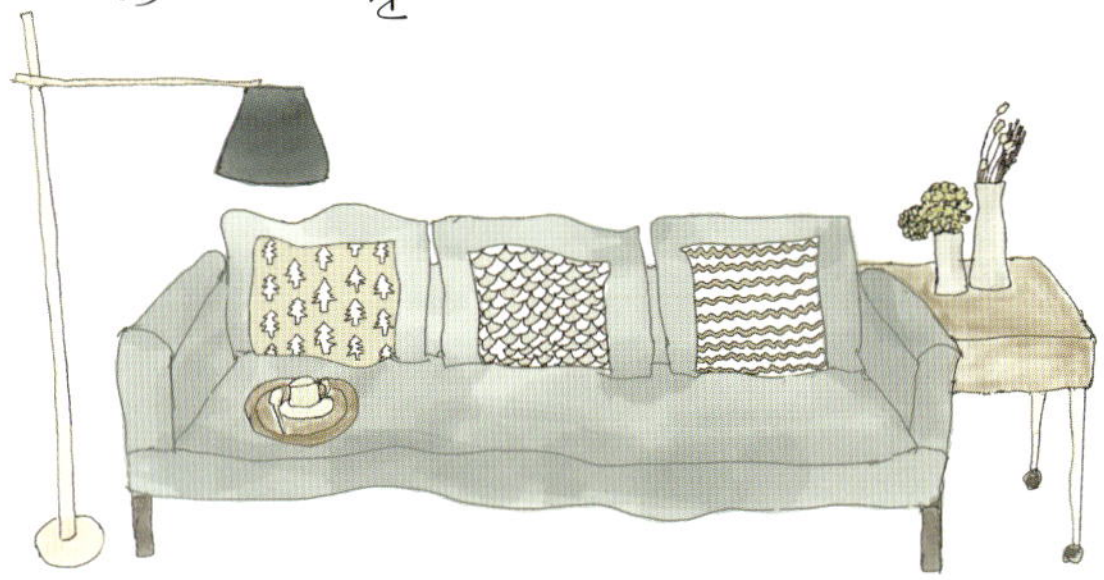

X-Knowledge

## はじめに

２０１２年の暮れ頃から「コーヒーのある生活」をテーマにした写真を、インスタグラム（@cafe_no_ma）に投稿してきました。コーヒーのある生活とは、コーヒーをゆっくりと飲みたくなる「くつろげる家」と、そこでの生活というような意味として使っています。投稿内容はどれもコーヒーをアップにせず、すこし引いた構図（コーヒーが写り込む家の中）になっているのは、そんな理由があるからです。主役は家や生活のほうですから、ときどきコーヒーが写っていないシーンも登場します。

ここ数年、カフェノマは空間をプロデュースする夫婦ユニットとして、活動の幅をひろげてきました。新築分譲マンションのプロデュースからリノベーションマンションのインテリアコーディネート、

シェアオフィス・コワーキングスペースのカフェ空間プロデュースなど、携わる空間やプロジェクトは多岐にわたります。しかしそのすべてに共通して心がけ、テーマとして大切にしてきたことは、この「コーヒーのある生活」。ほっとできるようなくつろげる空間に身を置いたとき、おもわず「コーヒーが飲みたい！」と思えるような、そんな空間づくりを心がけてきました。

この本は、いままで投稿してきた写真を振り返りつつ、私たちが考える空間や生活がどのようなものかを掘り下げるようにして出来上がりました。写真に写り込むシーンの、その背景にある意味や考え方をまとめた本になっています。紹介する写真や考え方は、どれも人の暮らす家が中心です。これから住まいをお探しの方だけでなく、生活を見直したい、暮らし方を変えたいと思われている方の、何かのお役に立てればこんなにうれしいことはありません。今日もおいしいコーヒーを！

*Everyday enjoy coffee at home!*

もくじ

はじめに 2

Tips to make a place of your own

# 1 居場所のつくり方

好きなものから考える——8
味のあるものを2割取り入れる——10
思い入れのないものは置かない——14
たくさんあっても気持ちよく快適に——16
モノが多くてもすっきりにこだわる——18
家電はなるべく隠す——20
キッチンは居心地のいいカフェのように——22
眠ることに集中できる空間に——24
パイプ一本でＯＫ——28
玄関を行きたくなる空間にする——30
トイレこそくつろげる空間に——32
明かりを効果的に取り入れる——34
旅先で空間のヒントをみつける——38
余白をつくる——40
壁の仕上げにひと手間加える——44
レンガで空間に表情をつくる——48
クロスで遮る——50
色や質感を揃える——52

自由に家を建てられるとしたら……
スキップフロアのある家——54
窓越しの風景を住まいにも——56
家電が目に入らないLDKが理想——58
主役はやっぱりキッチン——60
プライバシーに配慮しながらのびのびできる中庭がいい——62

Tips to create more relaxing home

## 2 くつろぐための暮らし方

気持ちのいい一日にする朝の始め方——66
部屋をコーヒーの香りで満たす——68
コーヒーを最高に楽しむ場づくり——70
家の隅々まで楽しむ——72
小部屋を多目的に使い分ける——76
素朴な草花を楽しむ——78
アートを楽しむ——82
自然光を楽しむ——84
ゲストをもてなす——86
生活感を隠す——88
コラム　北欧の静かな空港が気付かせてくれたこと——90

The rules to be a good chooser

## 3 モノの選び方

主張しすぎないグレーは使いやすい——94
黒は木と合わせて使う——100
家に迎えた後の暮らしをしっかりシミュレーション——102
抜け感をつくるために脚があるものを選ぶ——104

cafenoma's favorite things

## 4 カフェノマのお気に入り

ずっと大事にできるものを選ぶ――106
カフェ感を出すステンレス・アルミ素材――108
見た目も使い勝手もよいラウンドテーブル――110
ひとり時間を楽しめるロングテーブル――112
椅子は不揃いだから楽しい――114
くつろぐカタチからソファは考える――118
クッションを妥協しない――122
窓辺をすっきりさせるものを選ぶ――124
コラム　毎日がきっと楽しいフンデルトヴァッサーハウス――128
ゆれる線――132
馴染む色――134
コーヒーと音楽――136
小さいもの――138

あとがき――140
cafenoma's work――142
著者プロフィール――144

スタッフ
写真　刈込隆二（cafenoma）
イラスト　弓庭暢香（cafenoma）
デザイン　芝 晶子（文京図案室）
印刷・製本　シナノ書籍印刷

# Tips to make a place of your own

# 居場所のつくり方 1

Let's think what you absolutely love

# 好きなものから考える

くつろぐ居場所をつくるときに、一番大切にすることは「大好きなものに囲まれたい」という思いです。今から10年以上前、新築マンションを購入した際にもその思いがあって、自由に設計できることが購入の決め手でした。

設計当初から頭にあったのが、白いポットとレンガとキッチン。キッチンに立ち、白いポットでコーヒーを淹れる自分の姿をイメージし、そこから全体をイメージしていったのです。この3つがある空間には、どんな灯りが似合うんだろうとか、カウンターの素材は白いタイルにしようなどと、妄想をどんどんふくらませていったことを今でも思い出します。外壁用の古煉瓦をキッチンの壁に使いたいとお願いしたときは、「よごれの跡が気になりますよ」と反対されましたが最終的には聞き入れてもらえるなど、とことん自分の住みたい家にこだわることができました。

好きなものに囲まれた空間で、どうやって毎日を過ごすか——そんな姿をイメージするのが私たちの空間づくりの最初の一歩です。

## こだわりを詰め込んだ住まい

3LDKという標準プランはあったものの、開放感を優先し2LDKにしました。間取りだけでなく、壁や床の仕上げ材を指定したり、気に入った照明が使えるよう照明の仕様や配置を変更してもらったりなど、細かい設えにもこだわった住まいです。

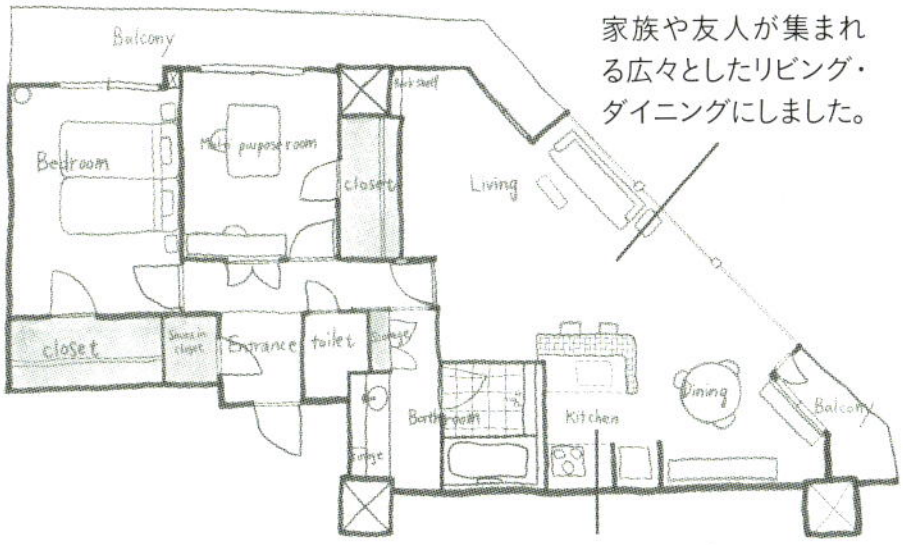


家族や友人が集まれる広々としたリビング・ダイニングにしました。

キッチンは作業中に窓の外がよく臨めるつくりにしました。

## 少しずつでも好きを叶える

ダイニングテーブルの上にはイギリス製のポット型ランプが3つ。元々は別の照明を吊るしていましたが、アイキャッチにもなる温かみのあるデザインに惹かれ、1つずつ買い足しては元の照明と置き換えていきました。それぞれ微妙にデザインが違うのもお気に入りです。

*Old and new come together in the same space*

# 味のあるものを2割取り入れる

完璧なものや真新しいものには、どこか近寄りがたい緊張感を抱いてしまいます。言葉でうまく説明できませんが、例えば、隙のない完璧な人に抱く感情とすこし似ています。「自分もおなじように振る舞わなくてはいけない」とか「この人の前では失敗してはいけない」というようなあの緊張感——なんとなく身構えてしまうあの感覚です。

ずっと時をともにするなら、モノにも人にも程よい隙がほしい。そしてできるだけリラックスできるほうがいい。それは心地よい空間づくりを考えるときも同じです。いかに肩の力を抜いてくつろげる場所にできるかを第一に考えています。

私たちはこのことを「抜け感をつくる」と言っています。この抜け感をつくるために大切にしているのが、新しいものを8割、味のある古いものを2割というバランス。人の手を伝って大事にされてきたもの、例えば古い家具には、のんびりした心地よさを感じ、堅苦しさを和らげる効果があると考えています。でもビンテージ品ばかりだと野暮ったくなってしまうので、清潔感のある真新しいものを組み合わせてバランスをとっています。「新しさと古さ」という2つの質感のバランスを大切にし、完璧なものを少し崩すことでうまれる「抜け感」をいつも心にとめています。

## 色味のバランスも「8割、2割」

床・壁・天井を新しさの象徴ともいえる白で統一したのも、「新しいもの8割」を目指してのこと。今でこそ白いフローリングも増えてきましたが、マンション購入時には、担当の設計士に反対されるほど珍しいものでした。白い床は、どんな色の家具を置いても空間の印象が重くなり過ぎないところが気に入っています。

## 新しいもの 8割

「新しいもの」とは、白を基調とした清潔でつるんとしたものや、ステンレスのようなシルバーで光沢のある素材感をイメージしています。これらをメインに空間をつくることで、清潔で清々しい空気感をつくり出しています。

new 2

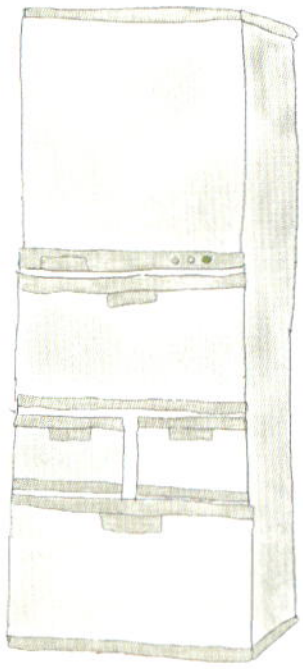

B

冷蔵庫はレンジフードのシルバーの色と合わせてステンレスに。スイッチなどもほぼないミニマルな見た目も気に入っています。

new 1

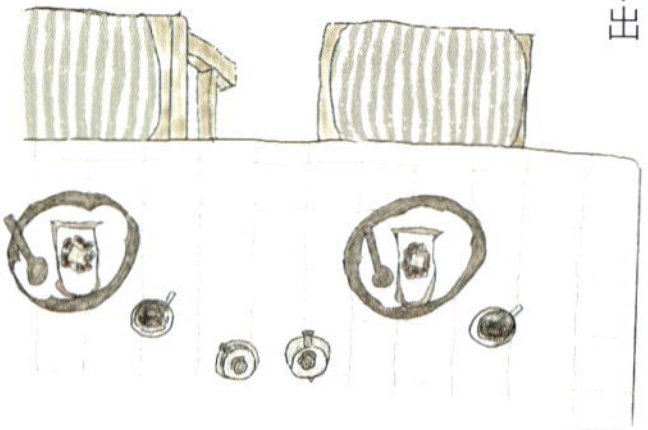

A

水廻りは特に清潔感を保ちたいので、多少濡れたり汚れたりしてもさっと拭ける白いタイルを選びました。

### 置き家具でアクセントをつける

例外も多少ありますが、基本的に白で統一した空間に、ビンテージ感のある置き家具を増やしていくイメージなのかもしれません。そうすることで、「新しいもの・古いもの」の心地よいバランスがとりやすくなる気がしています。

## new 4

角がとれた柔らかさのある丸テーブルは、光沢のあるメラミン素材のものを選びました。

D

## new 3

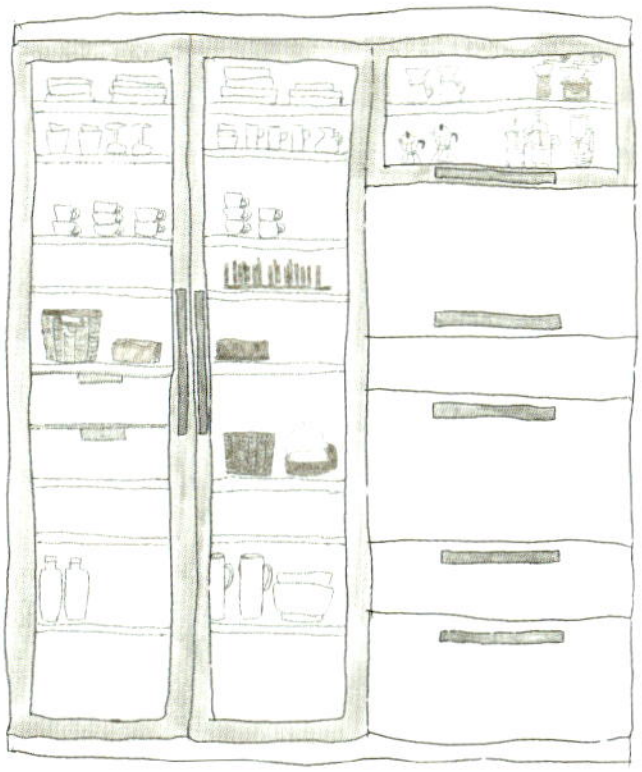

C

食器棚は大きな面積になるので白色のものを探しました。メラミン素材でつるっとした鏡面仕上げはダイニングの丸テーブルともリンクしていて統一感を生み出しています。

## new 5

イギリスの時計ブランドNEW GATE社製の「Quad wall clock」という掛け時計。シンプルで駅舎にあるような普遍的なデザインが気に入っています。色はシルバーのものを選び空間と調和させています。

E

# 2割 古いもの

「古いもの」とは、人の手を伝って大事にされてきた、古い家具やビンテージ品、経年変化した味わいのある素材をイメージしています。白とシルバーでつくられた空間のアクセントになります。

## old 1

F

北欧家具taloで購入した、1つ1つ形や使われている生地の違うビンテージものの椅子。

## old 4

食器棚とバランスをとるための籐のかご。収納としても機能しています。

I

## old 3

H

Maduで購入したインドネシア製の棚。奥行きが25cm程度で圧迫感がないのが購入の決め手でした。側面と背面はガラス張りなので、使いようによってはショーウインドウのようにもなります。

## old 2

こちらも北欧家具taloで購入したコーヒーテーブル。購入時にあった傷も家具の使われていた形跡を示す味としてそのまま残してもらいました。

G

Surround yourself with only what you love

# 思い入れのないものは置かない

## カップも飾るだけではもったいない

お気に入りのビンテージカップも、大切にしながら、どんどん普段使いします。毎日使うことで、お手入れも自然に行き届くようになります。

## キッチン用品も上手に並べればインテリアに

大きさやカタチの違うガラスの容器を、キッチンカウンターに配置。並べ方や順序に自分なりのリズムをもって並べるだけでお気に入りの場所に早変わり（52頁参照）

お気に入りのものを買ってきて棚に飾る――はじめは見ているだけで気分がいいものです。それでもしばらくすれば見慣れてしまい、手に入れたときの思いもだんだん薄れていくもの。そうしていつの間にか飾っていたものもその周辺も埃だらけになってしまう。家中の隅々までお気に入りの空間にしたい私たちにとって、これはなかなか受け入れがたい状態です。それならむしろ、実用的なものを飾ったらどうだろう。毎日使うものなら手入れも行き届くし、デザインが素敵なものなら飾っても楽しい。そう考えるようになりました。私たちなら例えばコーヒーカップやポットなどです。

とはいっても、実用的でなくても飾りたくなるものは稀にあります。弓庭の場合、海外の出張先で出会った雑貨や、国内で探し求めたミニチュアなど。そんな場合は、飾り棚の周辺のものとの色合い、並んだときの大きさのバランスに配慮して、あまり存在が強調され過ぎないように気をつけ置き場所を決めています。飾るだけのものでもときどき手にして埃を拭き取れるくらいのボリュームであることも大切かもしれません。

飾るときには、色をリンクさせたり大きさのバランスを調整したり、並べ方にこだわります。写真で並んでいるカップ類はどれもお気に入りのもの。

- Ⓐ Gustavsberg（グスタフスベリ）の“Salix／サリックス”シリーズのビンテージコーヒーカップ＆ソーサー。繊細な細い線で描かれた葉が印象的
- Ⓑ mina perhönen（ミナペルホネン）の“beads／ビーズ”シリーズのカップ＆ソーサーで、CLASKA Gallery & Shop “DO”のために特別に作られたオリジナルカラー
- Ⓒ ARABIA（アラビア）社の“Anemone／アネモネ”の濃い藍色が上品なビンテージコーヒーカップ＆ソーサー
- Ⓓ 那須高原の古道具店で出会った日本製のビンテージポット
- Ⓔ ドイツの蚤の市で出会ったビンテージカップ
- Ⓕ ロシアで人気のチェブラーシカを模したマトリョーシカのおみやげ
- Ⓖ ARABIA（アラビア）社の“gardenia／ガーデニア”のビンテージカップで、人気デザイナーEsteri Tomula（エステリ・トムラ）の作品
- Ⓗ Egersund（イーエスンド）の“Korulen”シリーズのどこか懐かしいデザインのビンテージコーヒーカップ＆ソーサー
- Ⓘ ARABIA（アラビア）社の“Inari／イナリ”シリーズのスタッキング可能なビンテージコーヒーカップ＆ソーサー
- Ⓙ ARABIA（アラビア）社の“Ruija／ルイヤ”の落ち着いた雰囲気が魅力なビンテージコーヒーカップ＆ソーサー

Fix where to put stuffs before you buy them

# たくさんあっても気持ちよく快適に

私たちは決して持ち物が少ないわけではありません。むしろ、コーヒー関連のものはたくさんあって、どれもこれも手放さずに大切に使っています。すっきりとした空間は好きですが、必要最低限のモノだけで暮らす生活も、行き過ぎるとどこか無味乾燥で味けないものになってしまいそうです。

ルールというと少し大げさですが、私たちにはモノを買うときの決め事があります。それは、好きだからといってむやみに増やしていくのではなく、まず具体的に置き場所をイメージするということ。気に入って買うものに対して、「どの通りの何番地に」というように住所を決めてあげるのです。例えば、このブルーグレーのコーヒーカップは2段目の左側。隣はグレーのカップだから相性がよさそう、という感じです。そうすることで、実は気に入ったモノでも、置き場所そのものが見当たらないことや、素材や色が周辺のモノと馴染まないからと買い控えることもよくあります。

## 個性のあるカップは見ているだけで楽しい

持っているカップは欧州や日本のビンテージショップなどで、一つ一つ買い集めたもの。吟味して手に入れたものなので、ただ並べるだけでも幸せな気持ちになります。

# たくさんあっても一つ一つに思い出とこだわりがある

カッティングボードも数が少しずつ増えてきました。コーヒーカップと小さなお菓子が載る程度の大きさのものが多いです。目黒通り沿いの家具店で、家具に紛れて掘り出し物のカッティングボードに出会うこともあります。

*Habits to keep neat and tidy in spite of many things*

# モノが多くても すっきりにこだわる

A 同じ素材のものでまとめれば、色味もある程度まとまって整い、見た目にすっきりとした印象を与えてくれます

B 半透明のガラス扉なら、壁がせり出すような息苦しさもありません

C 木のカッティングボードもまとめて収納しています

D 白いカップを前面にまとめて。扉を閉じたときに透けて見えることも意識に入れています

E ステンレスのマグや割れにくいカップはまとめてカゴに入れています

F 和朝食のときは使う器が決まっているので、カゴに入れて出し入れしやすくしています

持ち物のなかでも特に多いお皿やカップなどの食器類。「そんなにいるの?」と言われてしまいそうなほど数多く棚に収まっています。そんな食器棚には、多いからこそすっきりにこだわる、収め方のルールがあります。

例えば磁器製のコーヒーカップ、ステンレス製のコーヒー器具、透明なグラス類。同じ素材のものは同じ棚でまとめることで、色味も整いまとまりのあるすっきりとした棚にすることができます。食器棚全体としては、半透明の扉を通して見える、内側の見え方にもこだわっています。見た目に白い清潔感と木の温かみのある素材感を印象づけたいため、木製のものだけでひとまとめにしたり、コーヒーカップは白いものを前面に並べたりして、透けて見える色がうるさくならないようにしています。さらに使用頻度が低く軽いものなら、棚の上の籐のかごにひとまとめにして収納しています。

D
C
E
F

*Ideas to hide sterile home appliances*

# 家電はなるべく隠す

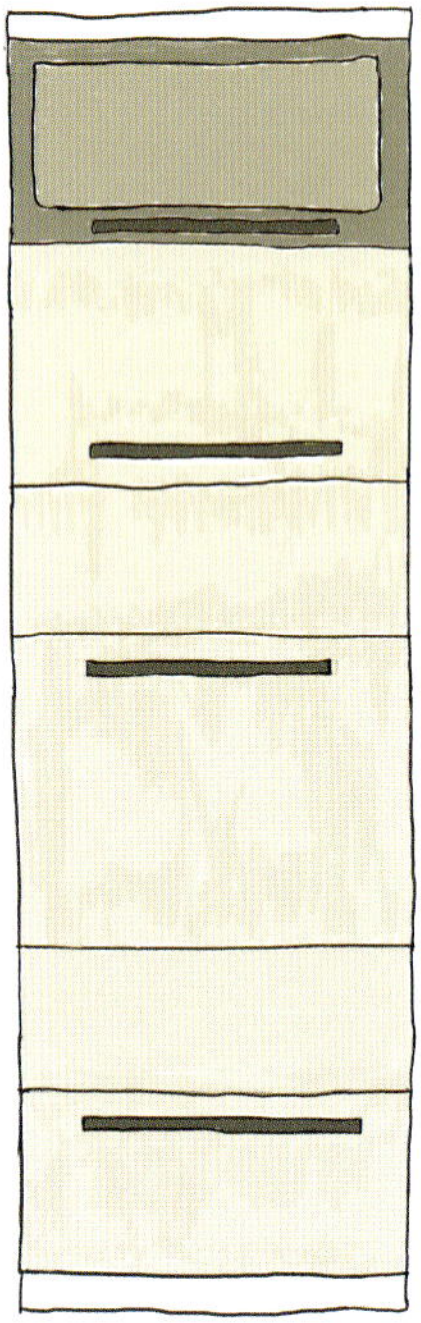

使わないときは扉を閉めて、壁に溶け込むように。

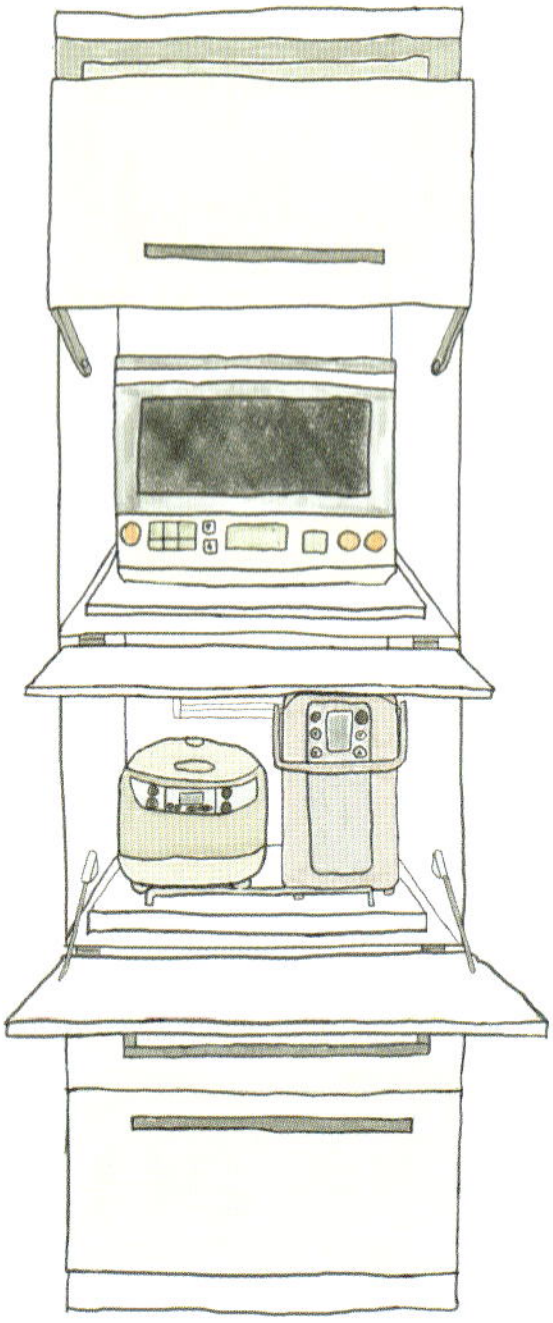

食器棚の中には電子レンジや炊飯器などを収納しています。使用時のみ扉を開けます。

生活に欠かせない家電――例えば冷蔵庫、電子レンジ、炊飯器、洗濯機、テレビなどは、金属やプラスチックの素材が味わいのない無機質な空間をつくってしまうように感じ、できるだけ「家電が鎮座まします風景」を避けるようにしています。

例えばキッチンでは、レンジや炊飯器を食器棚に格納し、使わないときは食器棚のなかに隠れるようにしています。冷蔵庫の左右につくったレンガ壁は、なるべく冷蔵庫の全容が見えないようにという意図でつくりました。理想を言えば、パントリーをキッチン近くに設け、冷蔵庫をその中に納めてしまいたかったのですがスペースの関係でかないませんでした。

家電が家電であるよりも先にインテリアであってほしい、使い勝手や機能よりも空間に馴染むデザインであってほしいといつも思っています。

## 使い勝手と見た目のいいとこどり

ダイニングスペースからキッチンを見た様子。レンガ壁を設けることで冷蔵庫やコンロが丸見えにならないようにしました。使い勝手を犠牲にはしませんが、できる限り見た目がすっきりするよう心掛けています。

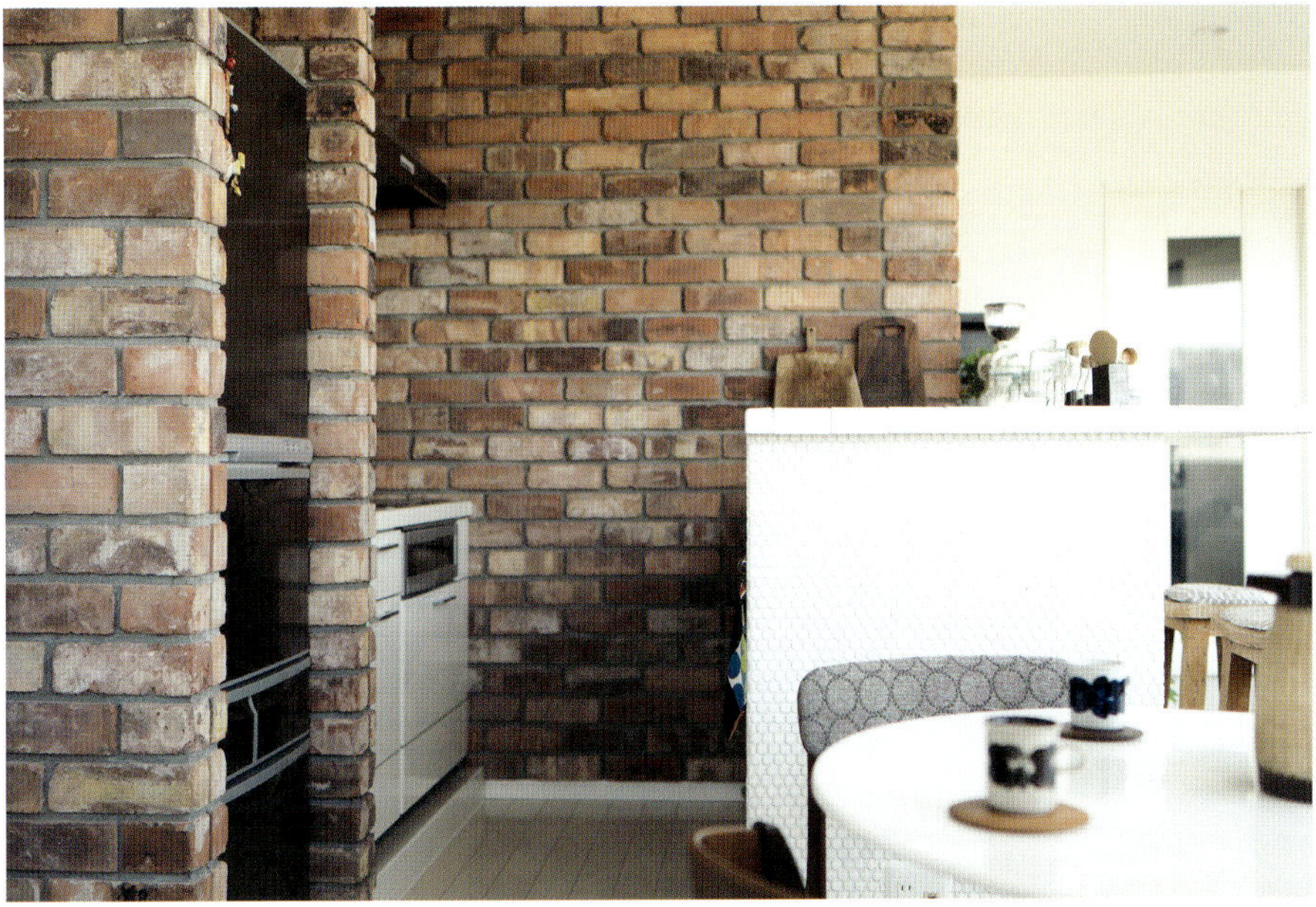

どうしても満足のいくデザインの家電に出会えない場合は、なるべく隠すというのが私たちのスタイルです。

## パントリーがあれば「冷蔵庫はそちらに」が理想

食料品、日用品などを蓄えるパントリー。貯蔵スペースとしての役割を期待するのが一般的ですが、冷蔵庫をも収めてしまうのが理想です。冷蔵庫などの大きな白物家電は、目で楽しむインテリアというよりあって便利な生活必需品。リビングやダイニングから丸見えの位置に「どーんと鎮座しなくてもいい」と考えています。

a cozy kitchen like cafe

# キッチンは居心地のいいカフェのように

キッチンのあり方を考えるとき、真っ先にイメージするのは居心地がいいお気に入りのカフェ。そのカフェの椅子に座って一杯のコーヒーを楽しむとき、周囲に目をやって入ってくるものを自宅のキッチンにも取り入れ、自宅でありながらもカフェ気分を盛り上げるのです。

　いろいろとこだわりが詰まっているキッチン。一番長い時間を過ごす場所だからこそ、家のなかでも特に居心地のいい空間にしたいのです。狭く限られた場所だから智恵をしぼっていかに楽しい空間にするかと工夫する楽しみもあります。

　お気に入りのカフェにあるものを「取り入れる」のと同じぐらい大事にしているのは、逆にそのカフェでは決して目にしないであろう「生活感の溢れるもの」を視界からできる限り「排除すること」です。ここまで散々お話ししてきた「隠す」ことがその代表です。我が家のシンク付近に常に出ているものは、落ち着いた色彩のボトルに詰め替えた洗剤とシンプルなスポンジだけ。片付けやすくするためにも物を極力置かない状態にしています。

## コンロ廻りもすっきりと

調理器の側には小さなビンに詰め替えた醤油と塩のみ。他の調味料はすぐ側にある引出しに収め、必要に応じてその都度取り出して使っています。毎日使わない調味料は意外とたくさんあるもの。それらに占領されて作業効率が悪くなるより快適に使えると思うのです。

## カフェ空間を演出する効果大な古レンガ

味わいのある壁の古レンガは、オランダのカフェに見習いました。空間に適度な落ち着きをもたらします。

## カウンターは少し高め・小振りに

カウンターの高さと面積はカフェをお手本にしました。115㎝という高さは、立ってコーヒーを飲むのにもちょうどいい高さです。また、座っている位置からカウンター内の手元が丸見えにもなりません。奥行きは35㎝。食パン皿が余裕を持って収まるぐらいの幅で、朝食やコーヒーを手軽に楽しむのに最適です。

Create a perfect sleep environment

# 眠ることに集中できる空間に

寝室は一日の疲れを癒す場所です。そこに入っただけで自然と眠りに誘われるような、そんな空間であって欲しいと思っています。弓庭の前職は客室乗務員でした。仕事柄、月に十日はホテルに泊まる生活。仕事が始まってから終わるまで丸一日寝ていない、なんてこともしばしばありました。長時間のフライトを終えホテルに戻ると飛び込むようにベッドに入る……そんな生活が長かったことが寝室にこだわりをもつ大きな理由かもしれません。

理想の寝室を実現させるため、まずなによりも大切にしていることは清潔感。ホテルの真っ白なリネンのベッドをイメージして、カバーはすべて白で統一しています。また、寝室にはモノをできるだけ置かないようにし、眠ることに集中できるようにしています。もちろんテレビも置きません。あるものと言えば、本と目覚まし時計くらい。あとはあまりにも殺風景にならないように手づくりのクッションやアートを飾ってリラックスできる空間に仕上げています。スタンドライトは光源が直接視界に入らないようにし、なるべく低く配置することで落ち着いた雰囲気になるよう心がけています。

## ライトは低い位置に配置

ベッドに横たわった時に光源が顔から下の高さになる位置にライトを配置。コーナーに置き、壁を照らすことで優しい雰囲気になります。

# 壁に色をつけるなら落ち着いたブルーグレーがおすすめ

ブルーは落ち着いた気持ちにさせるそうです。青の中でもやさしいスモーキーカラーにすることで、品のよい雰囲気を演出できます。壁を着色する際には、部屋全面ではなく、アクセントとして頭側など壁の一面にするのがポイントです。

# 色調をあわせる

主役はベッドリネンの白を基本にしています。それ以外は脇役としてなるべく色調をあわせます。たとえば、アートやクッションカバーの色調を壁の色とそろえるのです。そうすることで、統一感が生まれます。

# パイプ一本でOK

部屋をすっきりと保つために欲しいのはクローゼット。居住空間を削ってでもある程度の広さは欲しいものです。そのほうが結果的に余分な収納家具を置く必要がなく、かえって広々と暮らせます。

今現在の持ち物を細かく把握して必要な収納量やその収納方法を決めていくというやり方もありますが、持ち物は常に変化していくもの。あまり細かく決めすぎないほうがかえって使いやすいという思いから、自宅のクローゼットに取り入れたアイデアがあります。それはあらかじめ洋服を吊るすパイプを一本だけ通しておくというもの。パイプは重さにしっかりと耐え得るよう最初に備え付け、パ

イプに吊るせる洋服はほとんど吊るしてしまいます。

　吊るすことでシワができず、何より持ち物の量が一目瞭然。ひと目で管理しやすく無駄な買い物も増えず衣替えの必要もありません。吊るす洋服はクローゼットの容量に対して7～8割程度に収めます。スペースに余裕があることで洋服の出し入れがしやすく、さらに色別に整理できれば忙しい朝もコーディネートが素早く決められます。吊るせないタイプの洋服は必要に応じて収納ラックなどを使って空いているスペースを利用するようにしています。

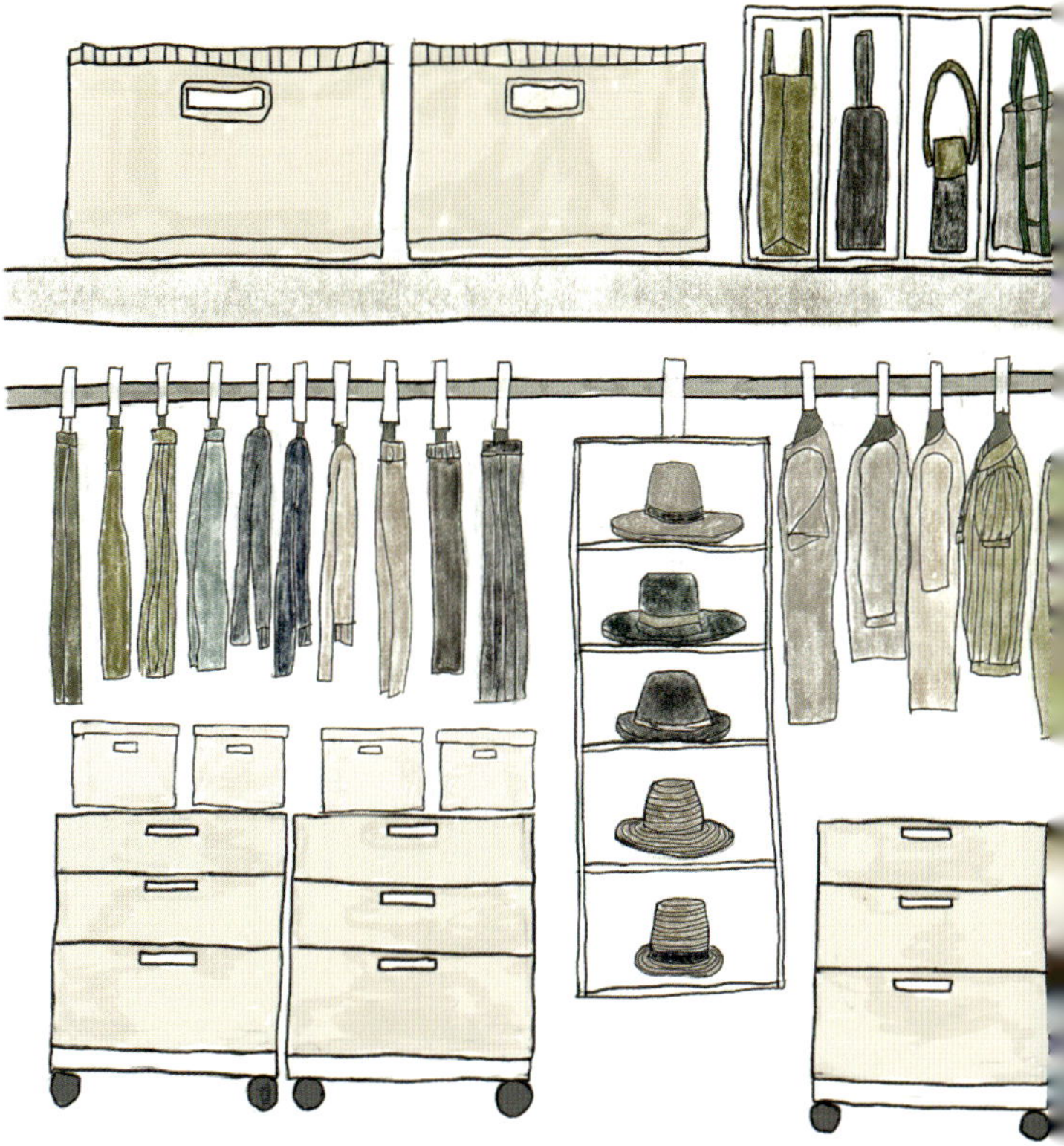

*Wellcome yourself home with a well planned entrance hall*

# 玄関を行きたくなる空間にする

採光と通風を兼ねる内窓

窓のおかげで玄関や廊下のような暗い場所にも光や風が取り込めます。

玄関は狭くて暗いところ。とくにマンションや狭小住宅では、間取り上の制約も多くLDKや個室の部屋の広さが優先されがちです。「しかたないから」と半ば諦めてしまうひとも多いのではないでしょうか。でも玄関は第一印象を決める家の顔のような場所。そして毎日家に帰って一番初めに自分を迎え入れてくれる場所でもあります。たとえ玄関とはいえリビングやキッチンと同じように楽しい空間にしたい。玄関もなんとかできないかと、そんな思いで考えたアイデアをご紹介します。

玄関を開けると正面に廊下、その先には居室があって、もともとは外光も風もまったく届かない、ありがちな暗い玄関でした。そこで、正面の壁に開け締めできる内窓をつけ、さらに玄関の段差をできるだけ低くし、玄関とそれに続く廊下を同じ素材のタイルにしました。このおかげで、居室にそそぐ光や風が、内窓を通って玄関まで届くように。さらに廊下との一体感もでて、空間以上の広さを感じることができるようになりました。「暗い玄関」という負のイメージがあったからこそ、諦めず工夫を凝らしてアイデアを形にできたことにとても満足しています。

玄関と廊下とのつながりを意識

玄関と廊下の仕上げを同じテラコッタタイルに。段差も極力なくして一体感を出し広がりを感じられるようにしました。

*The most relaxing toilet room*

# トイレこそくつろげる空間に

トイレは壁とドアに囲まれた狭い箱のような部屋。普段は意識しないドアノブや、なんでもない壁や床についつい目がいってしまいます。意識的に何かをしなければ特徴のない殺風景な場所になりがち。そういうトイレであっても例外なくお気に入りの場所にしたいのです。思いがけず長居したくなるような、自然と気持ちが和む空間にしたい、そんな風にいつも思っています。

トイレを少しでもくつろげる空間にするため、小さな工夫を積み重ねています。例えば、壁の一面にアートをいくつか飾ってみる。ポストカードや雑誌の切り抜きでもいいと思います。狭いトイレに圧迫感が出ないように、絵のサイズは比較的小さなものの組み合わせがおすすめ。絵と額の組み合わせや、配置のバランスなどを楽しみながら、自分なりの小さなギャラリーをつくるようなイメージです。何もなかった壁に好きな絵を飾るだけで、美術館で絵を鑑賞するような楽しみが生まれます。

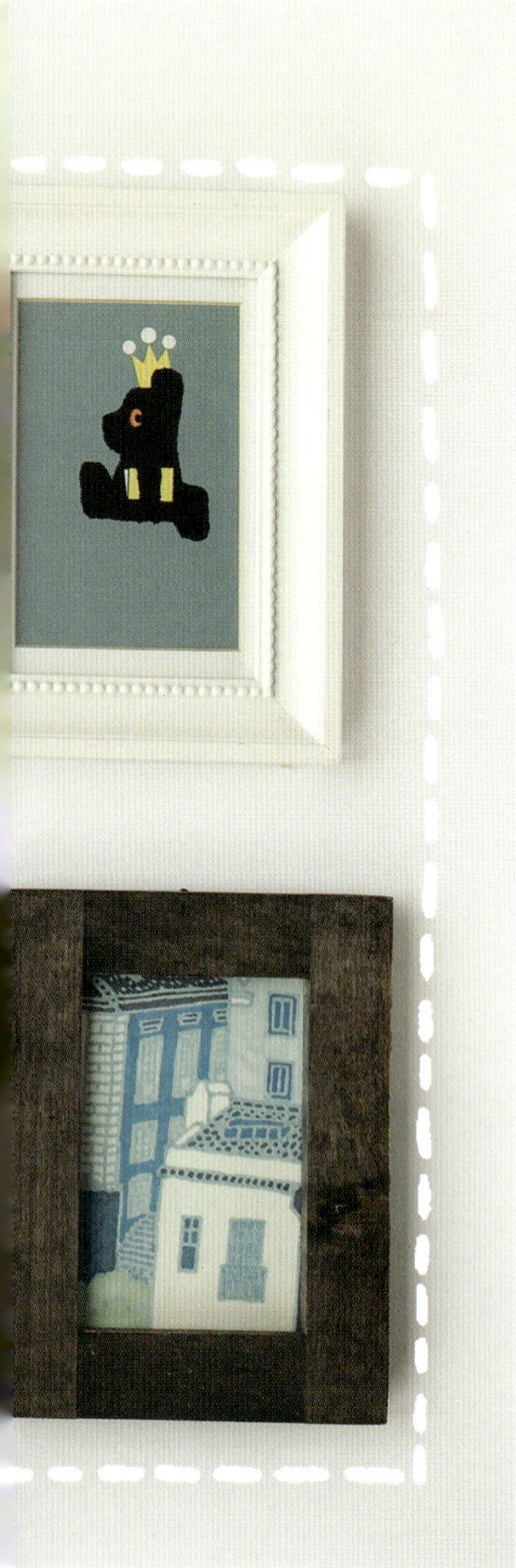

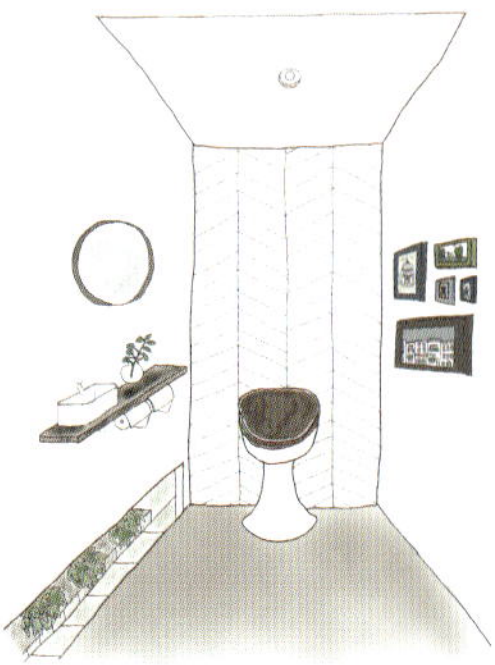

# 飾る範囲を先に決めてバランスをとる

飾る範囲の大枠を決め、枠に沿ってある程度アバウトに、例えばパズルをはめるような感覚で並べています。枠から少しはみ出させたり、少し大きめの絵と小さめの絵を並べたり、額縁もさまざまな素材や種類、色をおりまぜて、空間が単調にならないように工夫しています。ここでは小さなものは縦7㎝×横6㎝、大きなものでもハガキ2枚分ぐらいのボリュームでまとめています。

Lighting can make your own place

# 明かりを効果的に取り入れる

カフェに行くなら控えめな明るさのお店がお気に入りです。店内は仄かに明るく、そのなかで手元にだけやさしいスポットライトが差し込む席があったら、必ずそこに座るようにしています。ポッと灯る明かりに自然とリラックスできるような温かさを感じ、なんだかとても落ち着くのです。

自宅もそんな空間にできればと照明の使い方を工夫しています。たとえば夜、部屋全体を調光式のダウンライトで控えめにし、本棚やソファのまわりをスタンドライトで、あるいは、ダイニングテーブルのまわりをペンダントライトだけで明るくします。照明は直接光源の見えないものを選ぶことで、目に眩しくなく柔らかい光の広がる落ち着いた空間にできます。ソファでくつろぎながら、本を読んだり、コーヒーやお酒を飲んだり、ときには音楽を聴いて楽しんだり……。明るさの加減から目に入るものがおのずと限られてくるので、自分の好きなことに没頭できる気がしています。

また、明暗にメリハリをつけることで、夜には昼間とは違う部屋の雰囲気に。そうして明かりが灯る空間を居場所のようにして楽しむのです。

## 光の重心を下げると静かな雰囲気に

ゆっくり本でも読んで過ごしたい、そんなとき少し明るさを抑えたカフェのような空間を想像するのではないでしょうか。光の重心をぐっと低めに持ってくると静かで落ち着いた印象になります。

## 点々とした灯りを楽しむ

スタンドなどの間接照明を使って光を灯せば、明かりのある場所が新たな居場所となります。部屋に陰影ができるのでメリハリが出てより立体感を感じることができます。

## ひとが集まる場所をつくる

ペンダントライトを低めに垂らすときもテーブルの上であれば、頭をぶつけることもありません。

## 光源の見えないデザインの照明を選ぶ

リラックスできるやわらかい雰囲気にしたいときには、なるべく直接光源が見えないデザインのものを選びます。壁を照らすことで拡散する光は、目に眩しくなく落ち着いた雰囲気になります。

## ペンダントライトは、一個所が理想的

宙に浮かぶように天井から垂れ下がって存在するペンダントライトは、その空間を印象づける重要なインテリアです。まるでその灯りのもとにひとが集うような印象にすることができます。存在感があるからこそ干渉しあって煩わしさがでないよう、一個所に絞る――例えばダイニングテーブルの真上など主役になる場所を決めたら、そこにペンダントライトを、あとは控えめなダウンライトなどにしてバランスをとります。

# 旅先で空間のヒントをみつける

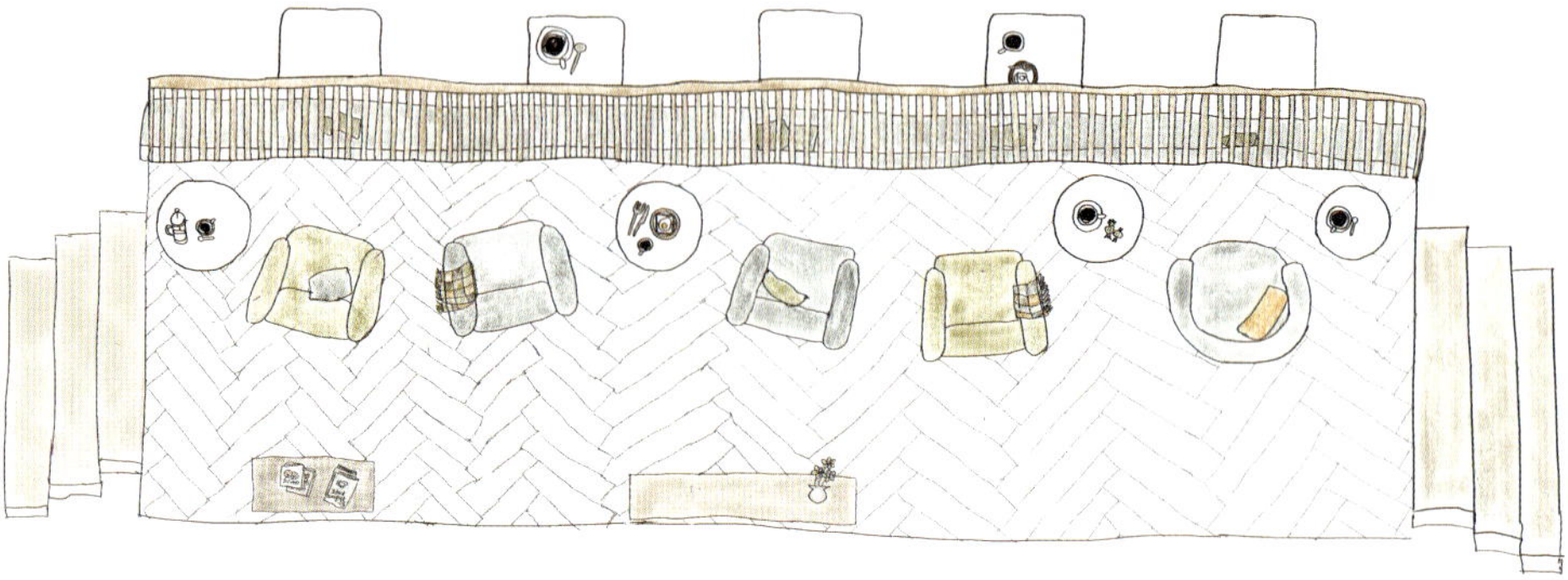

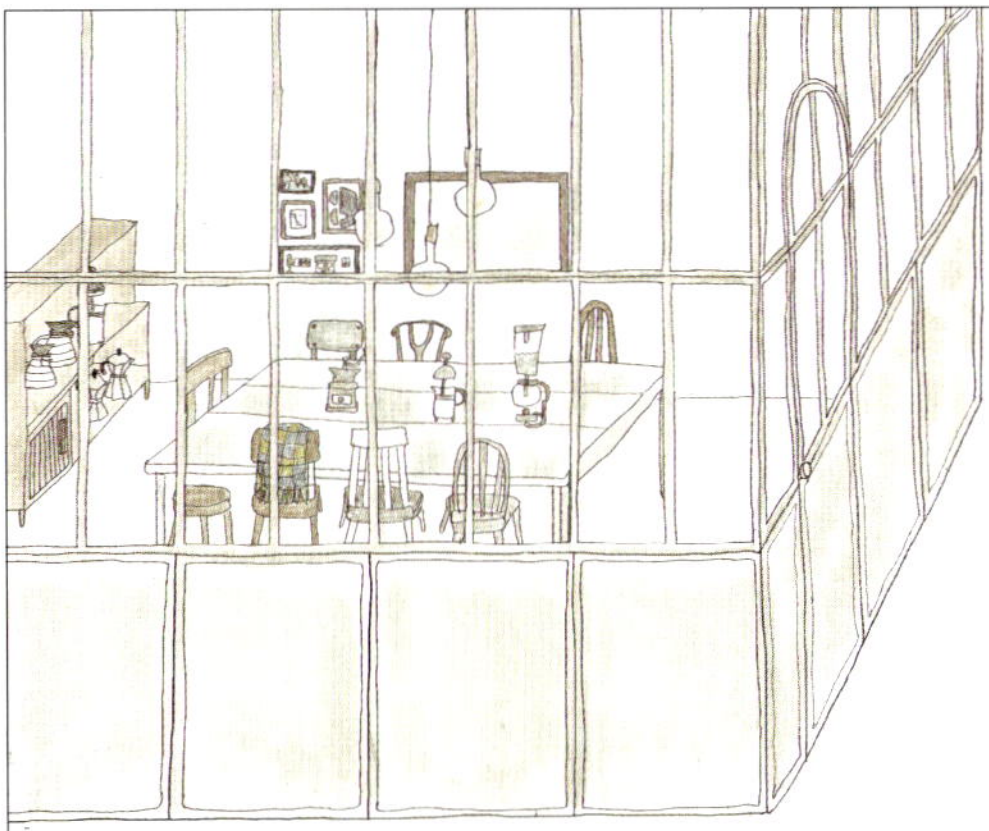

前述のように、弓庭の前職は客室乗務員でした。およそ19年間、フライトタイムにして1万3千時間以上、空の旅をしてきました。その間、世界各地で出会ったさまざまな思い出が、いまではくつろぐための空間づくりのヒントになっています。なかでも印象深い場所のひとつがオランダのアムステルダム。宿泊先のホテルは住宅街の静かな場所にあり、週末になると長いマルシェが続くような、のどかな場所でした。その街の一角に、かならず訪れるお気に入りのカフェがあって、いまでもはっきりと店内の様子を思い出すことができます。横幅3mくらいはあった大きな黒板のメニュー。カウンターの上には、ケースに入ったパンやデニッシュ、レジ脇にはリンゴやオレンジがカゴに盛られていました。壁の一部はレンガで出来ていて、窓辺にはスツールとテーブルがありました。早起きして地元の人たちに混じりながら、そこでベーグルサンドを食べる時間が何よりの楽しみでした。びっくりするほどおいしいわけでもないそのカフェにひかれた理由は、そんな気負わない店内の様子やのどかな街の雰囲気が、フライトで疲れた心とカラダを癒やしてくれたからなのかもしれません。そんな旅先での思い出を、自宅に取り入れられないかと考える時間も楽しいものです。

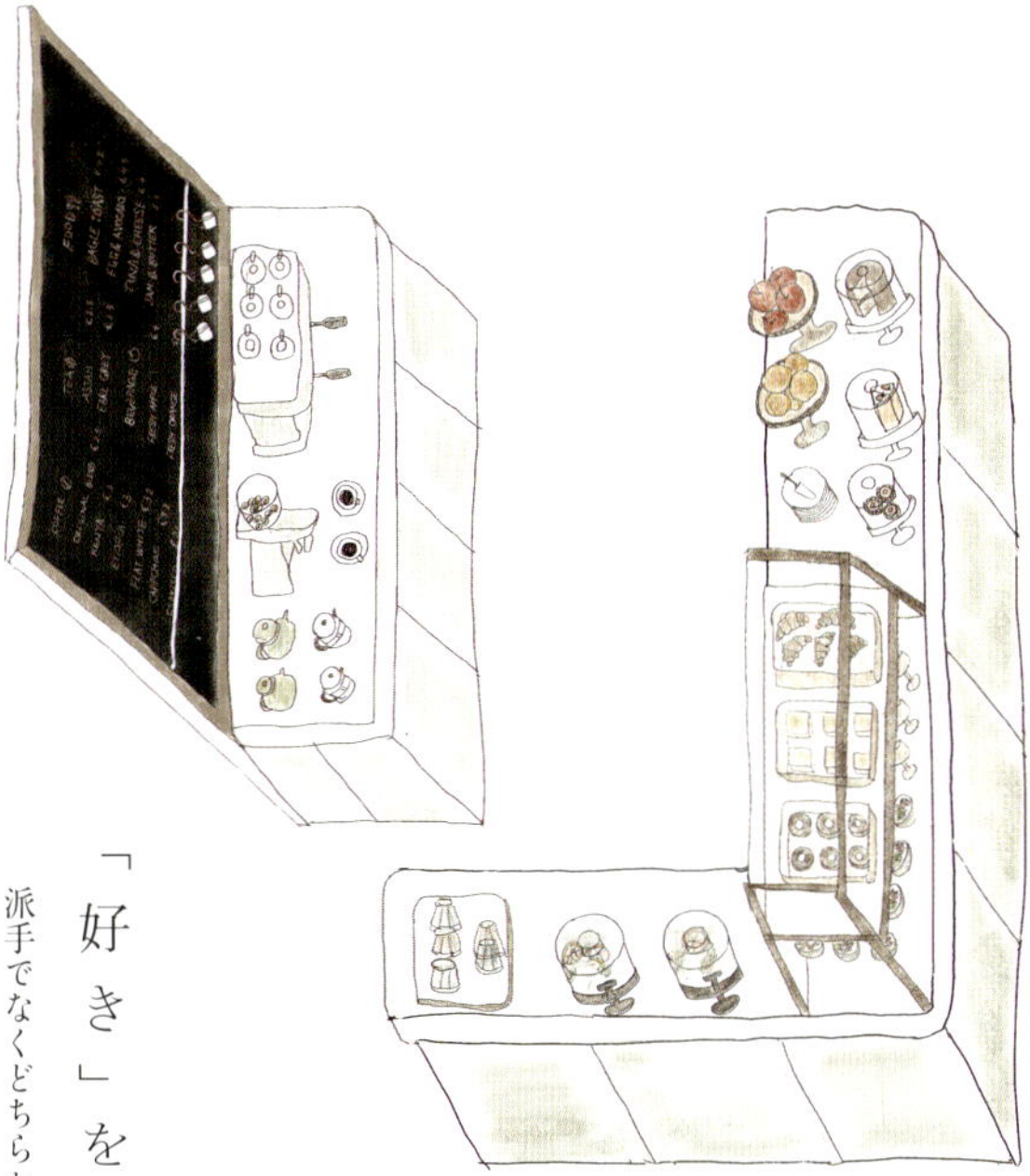

## 「好き」を辿ってみる

派手でなくどちらかというと地味なヨーロッパの雰囲気が特に好きで、それは主にオランダ・アムステルダムの運河沿いの街並みに影響を受けているのかもしれません。何が好きなのかがはっきりしているほど、居心地のよい空間をつくりやすくなる気がします。

Create white space

# 余白をつくる

部屋をレイアウトするときは、家具を詰め込み過ぎないように心がけています。部屋だけでなく本棚やラックの中も同様に本や小物で埋め尽くさず、できるだけ余白をつくるようにしています。さらに私たちのインスタグラム（@cafe_no_ma）にも余白のある写真が数多くアップされていることに気付かれると思います。「レイアウト」は部屋だけに限りません。本でも雑誌でも写真でも、シンプルで美しいレイアウトには、余白の存在が欠かせません。長年デザインの現場に携わってきた刈込にとっては、空間をレイアウトするときにも同様に、余白を意識することはある意味で自然なことでした。

余白は「視線の休息地」のような存在です。部屋でいえば、家具やモノが置かれていない場所、その何もない空間があるからこそ、反対にモノの存在が引き立ちます。部屋に置いたお気に入りのモノ同士がお互いに干渉しあわないように余白をつくることもあります。家具を詰め込み過ぎているとか、モノがなくて少し寂しい感じがするなど、ひとによって感じ方はさまざまです。でも部屋をもう少しすっきりさせたいと思ったら、この余白の存在を意識してみるのもひとつかもしれません。

## 自然と眺めていられるような配置を心掛ける

お気に入りのモノを並べるときも、あまり詰め込み過ぎず、じっくり眺められるような余白をつくります。

artek

# 余白があると落ち着いた雰囲気に

写真全体にモノを写さないのがカフェノマ流。海外のフォロワーからは〝禅や侘び寂びを感じる〟とコメントをもらうこともあります。

*Various ways of the interior wall finishes*

# 壁の仕上げにひと手間加える

毎日のように目にする家の壁。でもその存在を意識するのはまれです。この壁、一見目立たない存在ながら実は部屋の雰囲気を決めるだけでなく、インテリアを引き立てる背景としてもとても大切な意味をもっています。

私たちの場合、2LDKの自宅の壁をところどころ違う仕上げにして部屋ごとに異なる雰囲気を楽しんでいます。LDKは全面に白い漆喰を、書斎の壁の一面はブラックボードのペンキを、寝室の壁の一面には同じくスモーキーカラーのペンキを――というように（詳しくは45～47頁参照）。元々自由設計で手にしたマンションですが、当初は費用の関係で壁の仕上げに対するこだわりを諦め、どの部屋もありがちで無難な白い壁紙にしていました。でも数年前、いまではDIYが手軽にできることも手伝って、さまざまな素材を試してみるようになりました。

いろいろと試してみて気付いたのは、ムラのないつるっとした壁や、経年変化で黄ばんでしまうビニールクロスよりも、不規則な影や凹凸、どこか人の手が加わったようなムラのある壁の方が飽きがこないということです。長く暮らす家だからこそ、できるだけ諦めることなく、ひと手間加わったような味わいのある壁になるように心掛けています。

## ムラ感が
## いい味になる
## 漆喰

仕上げ後に一度乾燥させる必要があるため、湿度の高い梅雨時を避け、GWに一気にコテで塗りました。遊び感覚で楽しむようにラフに仕上げると味わいが増します。

## 気軽に部屋のイメージチェンジができるペンキ

寝室の頭側の壁一面に彩度の低いブルーグレーの塗料を塗っています。眠ることに集中できるよう、落ち着いた気持ちにさせてくれるスモーキーカラーです。

## 水廻りは清潔感のあるタイルで遊ぶ

汚れても簡単に拭き取れるタイルは、とくにキッチンなどの水廻りで活躍。使用するタイルによってさまざまな表情になるので、タイル選びの時間も楽しいひとときになります。

## 塗るだけで黒板になるチョークボードペイント

マットな質感の仕上がりが大人っぽい雰囲気を作れるのも魅力のひとつ。テーブルクロスの白が映える、どこか落ち着いた空間を演出できます。

手軽にインテリアの雰囲気を変えられるのがチョークアートの醍醐味。下地にマグネットペイントを塗れば、壁の用途がさらに広がります。

Old brick will add texture to wall

# レンガで空間に表情をつくる

自宅のキッチンでも用いましたが、仕事で空間をプロデュースするとき、内装の仕上げ材としてレンガをよく用います。とくに経年変化した古レンガは気に入っている素材のひとつです。気に入っている理由は、年月を経て角が取れた、どことなく優しいその表情。一つ一つ表情が違って個性があり、色ムラがあるため多少汚れていても気になることがありません。ダイニングやキッチンに使えば、カフェのような雰囲気も出しやすくとても重宝します。

レンガを貼るのが特に効果的な場所があります。もとはといえば煉瓦は建物を支える構造材です。内装に使うときもできるだけ柱などに使うことで、壁に貼り付けたようなフェイク感を出さず、空間になくてはならない構造のように見せることができます。レンガで仕上げる前は出っ張りが気になっていた柱も、レンガが空間のアクセントとなっていきいきしだすから不思議です。

## できるだけ柱のようにみせる

部屋の角や凸凹のあるところにレンガを使うと、支柱のように見えるので、〝いかにも貼り付けました〟というフェイク感が出ません。また、天井や床との取り合い部分にまできっちりとレンガを貼ることもフェイク感を出さないポイントです。

# 建物が解体されたときにでる古レンガ

好んで使うものには100年以上前に、イギリスの建築に使われていたものが多いです。ネットで販売もしていますが、ショールームなどで実際に風合いなどをご覧になることをおすすめします。

Fabric partition

# クロスで遮る

築80年以上にもなる横浜市認定の歴史的建造物。このビルにアトリエを構えてから、もうすぐ一年が経ちます。入居以来、自分たちでできる範囲の小さな改修を積み重ねながら、少しずつ納得のいく空間につくり上げてきました。床一面に貼られていたタイルカーペットをセメント系の素材に張り替えたり、天井に固定されていた蛍光灯をやめ、配置や調光も自由にできるようにしながら、温かみのある灯りのペンダントライトを吊るしたりもしました。

撮影や打合せ用のスペースと、デスクワークスペースを仕切る麻のクロス――これも小さな改修のうちのひとつですが、両サイドからの視線をやんわりと遮るのが目的です。このクロス、軽くて薄く風や光をよく通し、高さ3mある天井から吊るしても壁のような圧迫感がありません。布を付け替えれば手軽に模様替えもできるし、専用のレールなどがなくても直径数ミリのワイヤーを張って掛けるだけで充分目隠し効果を発揮してくれています。

## 半基地のような篭り感

布は圧迫感を出さずに見られている感じを避けたいときにも有効です。棚などで上の方まで区切ると圧迫感がでてしまいますが、布なら圧迫感を出さず人の目線も気になりません。

# しきり過ぎない ちょうどよさ

壁や扉でしきる——それら以外のもうひとつの考え方が「布でしきる」。光や人の目線はやさしく遮りながら、風や人の気配は布越しに感じられます。大掛かりな工事も必要なく、手軽に空間の印象も変えられるので自宅にもおすすめします。

Group similar colors and texture together

# 色や質感を揃える

## 色数や素材の種類を意図的に絞る

できるだけデザインの優れたものを厳選して並べながら、普段使いをする。そうすることで持ち物が多くても雑多にならず、気持ちの行き届いた快適な空間にできると、この本の中で述べてきました。ただ一様に「並べる」といっても無秩序に並べるわけではなく、並べ方にもできるだけ気を配るようにしています。それは色や素材を揃えるということ。

例えば、キッチン背面のオープンシェルフ。ある棚にガラス製の保存容器を並べるとしたら、その隣の棚には、おなじく一部がガラスでできたコーヒー器具を並べてみる。コーヒー器具の一部にステンレスが使われていれば、近くの棚には、ステンレス製のものを並べるような感じです。

並びあうもの同士で素材を統一します。この場合は、ガラスや木、アルミと限られた素材のみでコーディネートされているので、すっきりとまとまりごちゃつき感がありません。色の違うものを並べる際にも、明るさや彩度を揃えるなどすると全体的なバランスが取りやすくなります。

並べるもの同士の色や素材感のつながりを意識しながら、全体としてひとつのまとまりをつくるようなシェルフにできれば、たとえ生活感のでやすいキッチンでも、見た目に快適ですっきりとした空間に仕上げることができます。

## 子供部屋でも
## すっきりは目指せる

一般的に彩度が高く、デジタルな色合いが多いキャラクターもののように、子どものおもちゃは色彩豊かです。これらを無秩序に数多く並べてしまうと元気なイメージを与える一方、まとまりがなく落ち着かない印象の部屋になってしまいます。

子供部屋であってもある程度の落ち着きが欲しい私たちは、仕事などで子供部屋をプロデュースする際、彩度の高い色合いのものは数をおさえつつ、メインカラーを決めてそれを軸にコーディネートをするようにしています。そうすることで、統一感のあるスッキリとした部屋になります。お気に入りの本も表紙を飾ると、子どもらしさを残しつつアートを飾ったかのような楽しい部屋にすることができます。

# スキップフロアのある家

今日は家のどこでコーヒーを飲もう。そう考えるとき頭に思い浮かべる理想の空間があります。それは、スキップフロアのある家。部屋と部屋とが短い階段で繋がり、仕切りが少なくひとつづきになった家です。高低差を活かし、一緒に生活する家族の気配は感じながらも、同時に自分だけの居心地を楽しむことができる家。

例えば、リビングから階段を数段上がったところにダイニングがあったとします。ダイニングとリビングを間仕切る壁がなく、あるのはスキップフロアのみ。高低差によって視界が変化するため、抜け感を保ったまま別々の部屋として成立させることができます。たとえ狭い敷地でも縦に広がる抜け感をつくれるのが、スキップフロアのある空間の特徴です。

ときには階段に腰掛けてリビングに居る家族とお喋りをしながら食後のコーヒーを楽しむ、そんな自分だけのお気に入りスポットをつくるのも楽しいかもしれないですね。

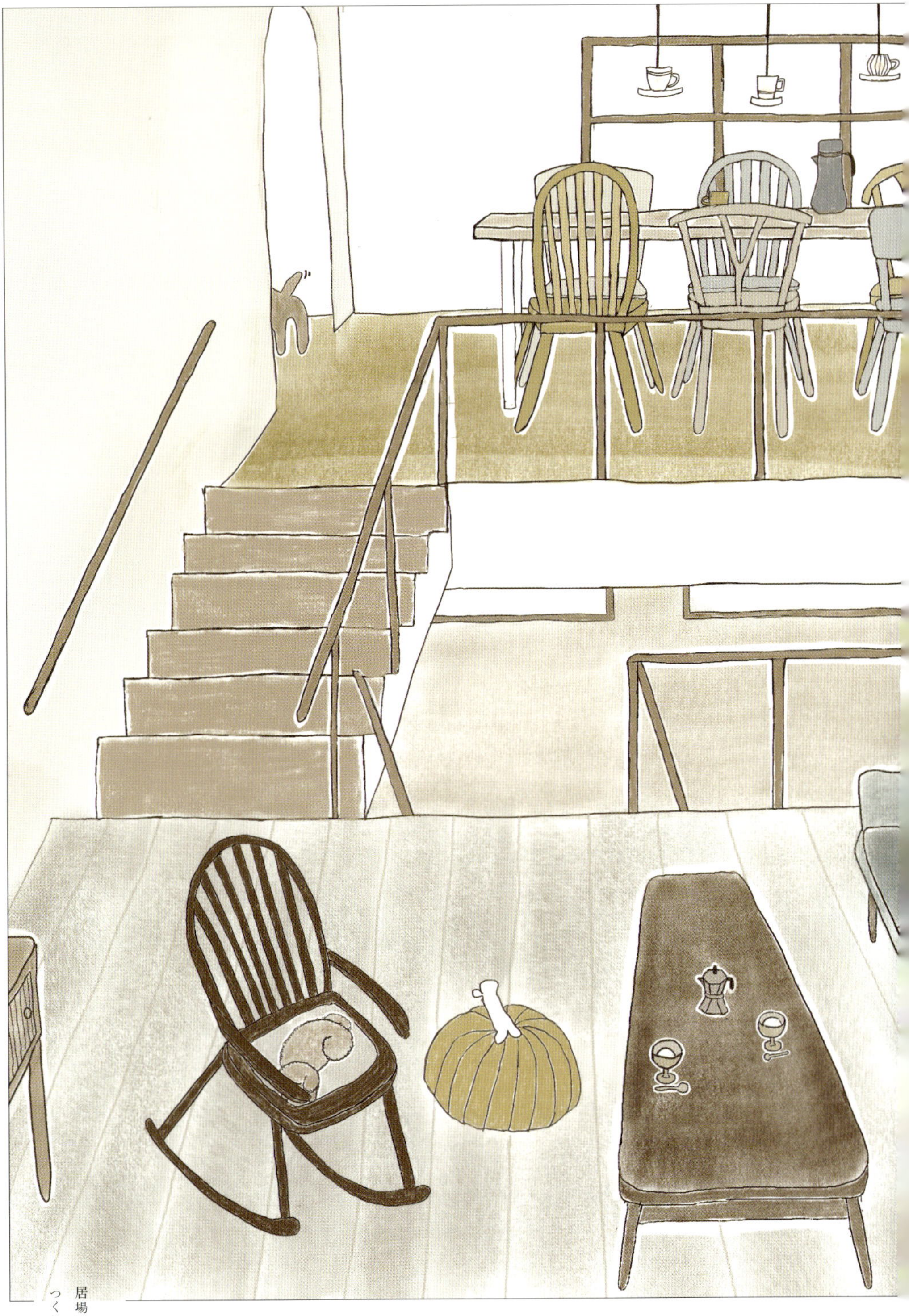

# 窓越しの風景を住まいにも

思わず〝コーヒーが飲みたくなる〟ような、そんな居心地のいい空間で過ごしたい。これが私たちの住まいに対する一貫した思いです。〝コーヒーが飲みたくなる空間〟とはまさしくカフェのような空間。カフェを巡り、店内を観察しながら、自由に家を建てられるなら必ず取り入れたい間取りのアイデアを、色々と探してきました。

例えばＬＤＫなら、キッチンとリビング・ダイニングとを、内窓を備えた壁で仕切ってみる。リビング・ダイニング側から窓越しに見るキッチンに、ペンダントライトを灯せば、まるでスポットライトに照らされたステージ感のあるカフェのキッチンのように見えてきます。さらに内窓のフレームを墨黒《スミクロ》などのアクセント色にすれば、窓越しの風景を絵画のような借景として楽しむこともできます。

# 電車から見える風景も
# 内窓のアイデアに

小さい頃から窓越しに息づく、そこに住む人々の生活を想像するのが好きでした。ふつうの人のふつうの日常。ベランダのお花に水をやったり、朝食の準備をする食卓の様子だったり……そういう他愛もない日々の生活の様子を想像するのがたまらなく好きなのです。あるとき、日が落ちて暗くなってきた頃、電車に乗っていると、車窓から見えるマンションの様子が気になったことがありました。窓越しに見える住戸の、室内に灯るやさしいライトの明かりが家族の団らんを感じさせるようでなんとなく温かい気持ちになるのです。家の中にもガラス窓を設けたいのは、そんなイメージが積み重なってのことかもしれません。

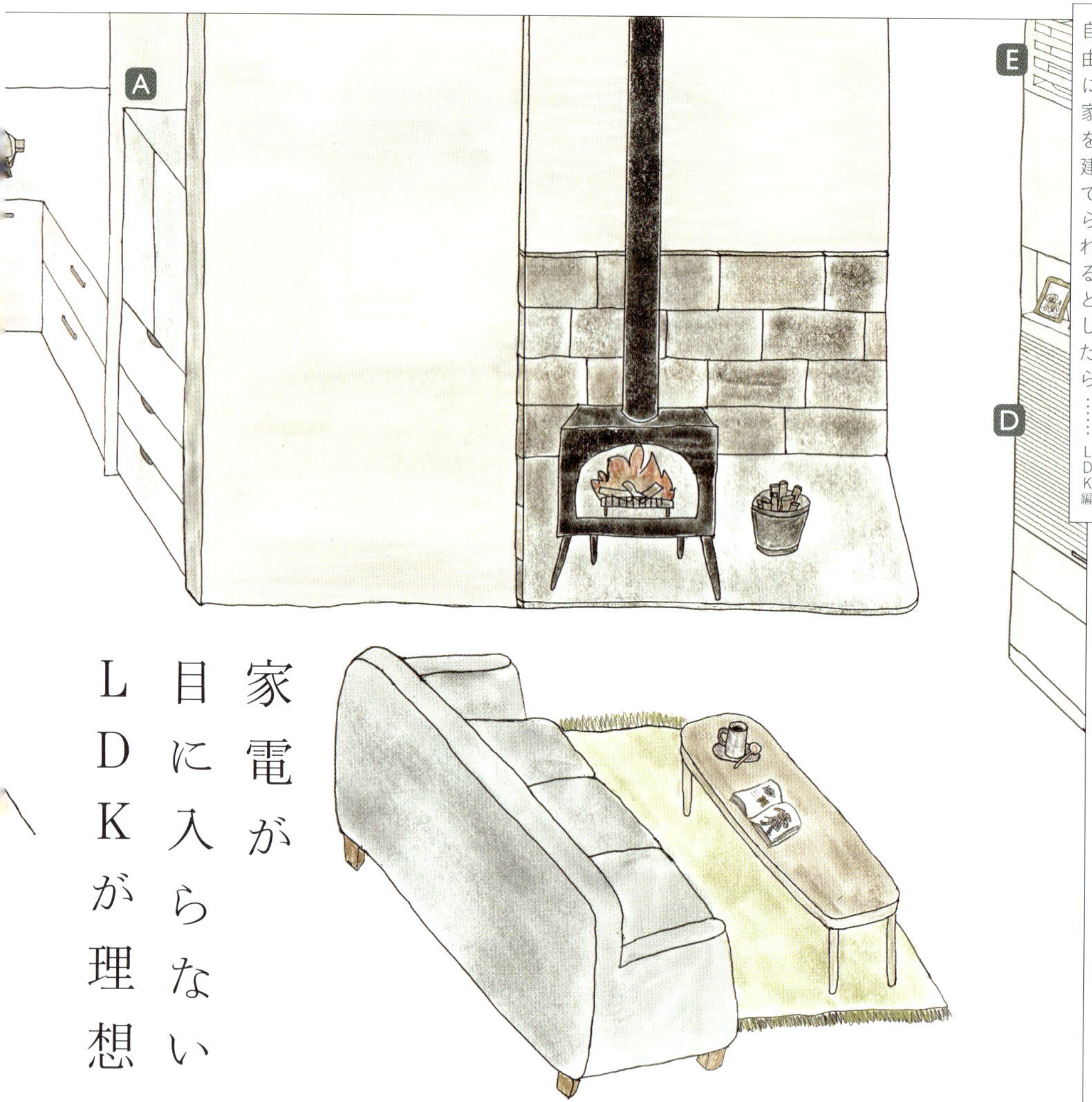


# 家電が目に入らないLDKが理想

できるだけ電化製品のような無機質なものや、生活感あふれる日用品を隠し、お気に入りのものだけに囲まれて暮らしたい。一日のうち比較的長く過ごす、リビングやダイニングからの眺めは、特にそうであってほしいと思います。そんな理想のLDKを、軽井沢にある友人の別荘を訪れたときに得た、いくつかのアイデアをベースに想像してみました。

まずはキッチン。冷蔵庫Ⓐはキッチン側からだけでなくダイニング側からも使いやすく、かつリビングでくつろぐときは視界に入らないように配置。作業台を兼ねたキッチンカウンターⒷは、奥のキッチンの生活感を隠す役割もあります。さらにカウンター横に設えた棚Ⓒには電子レンジやトースターなどの電化製品、ラップなど使用頻度の高いキッチン雑貨をまとめて収納。使い勝手のよいオープン棚でありながらダイニングやリビングからは柱のように見える工夫をしています。

次にリビング。リビングの代表的な家電と言えばテレビ。見ないときは大きな黒い物体と化すテレビは、蛇腹式の扉の中Ⓓにすっきり格納してしまいます。そして生活に必須のエアコンももちろんルーバーの中Ⓔにしまい込みます。

こうしてリビングのソファでくつろぐとき、自分の好きなものだけに囲まれた空間であれば、何でもない一杯のコーヒーもより味わいながら飲めると思うのです。

## 洗濯機もすっきり スマートに収める

洗面所の中でもひときわ場所をとり、その存在感が目立つ洗濯機。洗面カウンターの下に収めれば視覚的にすっきり。さらにカウンターの上はアイロンをかけるスペースとしても広く使えます。洗面台の真下は、洗濯物を入れる大きめのカゴを配置できるようオープンにしておきます。洗面スペース横の収納棚には家族それぞれのカゴを設けて、下着や寝まきなどを収納することで、すっきりと快適な洗面スペースにすることができます。

# 主役はやっぱりキッチン

小学生の頃から、新聞に挟まれた不動産広告のチラシを見るのが毎日の楽しみでした。間取り図を見ては「一見広そうだけど収納が足りないから物が溢れそう」とか「ひと部屋減らしてリビングを広くすればもっとゆったりくつろげるのに」などとひたすら妄想するのです。ほとんど趣味のようなこの妄想癖は今でも続いています。

例えばコンパクトな家のLDKなら……一章にある「好きなものから考える」（8頁参照）でも触れましたが、どんなに狭くても、まずはキッチンに立つ自分の姿を最初に想像します。毎日立つキッチンだからこそ、そこに立つだけで楽しんでいる自分をイメージするのです。

キッチンは雑然としやすい場所ですが、常にすっきりと片付いた場所にしておきたい。そのためにキッチンに続くパントリーを設けます。さらにコンパクトな空間を有効に使うため、キッチンの一部がダイニングスペースになるよう奥行きのあるL字型カウンターにします。奥行きを十分にとったカウンターなら、家族で食事をとる際も困りません。L字型は、普段見ていたくない生活感のあるものすべてを上手に隠しながら、機能性を失わずカフェらしさを実現する理想の形。カウンターを挟みながら家族と食事を、ときには友人を招いてコーヒーを楽しむのも、かけがえのないひとときです。

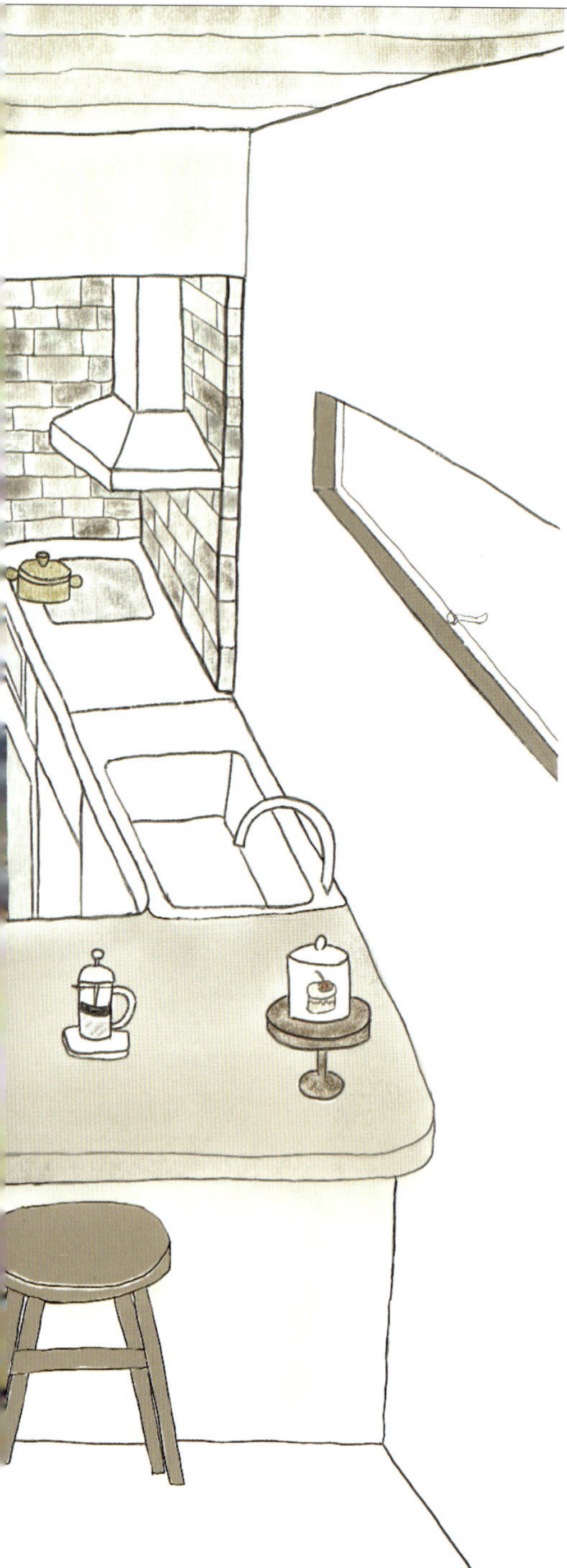

# プライバシーに配慮しながらのびのびできる中庭がいい

戸建ての家を建てるなら、中庭はぜひ取り入れたい場所のひとつです。特に隣家に囲まれた住宅街に家を建てるとしたら必ずほしい場所。四方を囲まれても中庭があれば、頭上から外気や自然光をふんだんに採り入れることができて、プライバシーも守れます。南向きなどの条件を気にすることもありません。

中庭のいいところを具体的に挙げると……例えば、外からの視線がないので、カーテンを開けっ放しにして過ごせたり、お風呂上がりに窓を全開にして風を感じながらタオル一枚で涼を取ったりできます。日中は中庭に降り注ぐ陽の光の中で本を読んだり、のんびり

と木漏れ日を楽しんだり、夜になればシンボルツリーをライトアップして趣の全く異なった景色を楽しむこともできます。家のどこにいても一日中自然を身近に感じることができる心休まる空間――それが中庭です。

理想とする中庭には細部にもこだわりがあります。中庭自体は、家の中との段差をなくしフラットにタイルを敷き詰めて広がりを感じるように。中央にはシンプルにシンボルツリーを一本配置します。庭に植えた木が紅葉していく様や、雪が降る景色など、中庭があることで季節をより豊かに感じられ、移ろいでいく一日の時間の流れさえも少しドラマチックに感じられるかもしれません。きっと何より家にいるのが一番楽しい、そんな思いにさせてくれる大切な空間が中庭なんだと思います。

Tips to create more relaxing home

# 2

くつろぐための暮らし方

*For a bright start of your day*

# 気持ちいい一日にする朝の始め方

朝起きたらすぐ身支度をし、犬の散歩をすることから私たちの一日は始まります。休日だからといって、着替えずにごろごろと過ごすことはほとんどありません。普段の何気ない生活のなかにも程よい緊張感をもっていたい性分なのだと思います。

散歩から帰ったらまず窓を開け、空気を入れ替え、掃除機をかけます。もちろんできない日もありますが時間の許す限りほとんど欠かすことがありません。これは一日の始まりを気持ちよくスタートさせるための儀式のようなものです。掃除機をかけ終わる頃には、部屋がすっかり朝の新鮮な空気に満たされて想像以上に気分がすっきりします。

誰かのための掃除だと義務感が強くなってしまって続かないけれど、「自分が気持ちよく過ごすため」と思ってやると、自然と身体も動きます。そうしてすっきりした空気の中、コーヒーを淹れる。時間がない朝はトースト一枚をそそくさと食べるだけのこともありますが、淹れたてのコーヒーがあるとそのトーストもなんだかおいしいのです。

## トーストの厚さにもこだわる

もっちりを感じるためのちょうどいい厚さが2・5㎝。いろいろな厚さで切って焼いて食べてみて、最終的に落ち着いた厚さです。写真はいろいろ試していたときのもの。その頃は4㎝が一番美味しいという定説があったのです。

Fill with the aroma of coffee

# 部屋をコーヒーの香りで満たす

## 旅先にもマイセットを持参

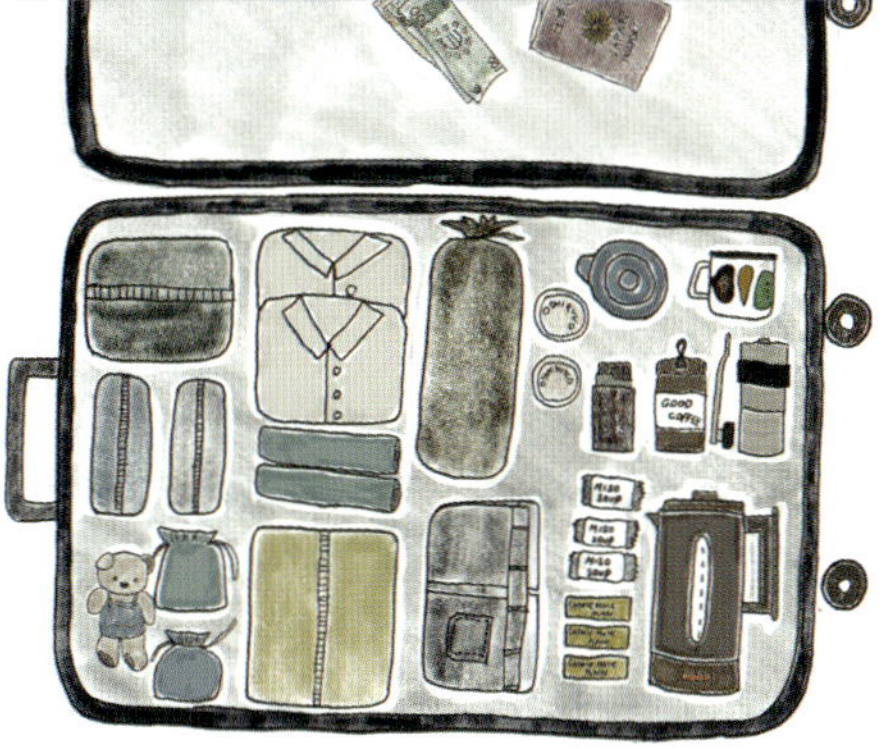

旅行や仕事でホテル泊をするときは、少々かさ張ってもコーヒーを淹れるための海外対応のケトルとマグカップは必需品。お気に入りのマグカップはフィンランドのブランド・HACKMANの琺瑯製のもの。琺瑯は軽くて丈夫、そして何より野菜が描かれたかわいらしいデザインは見ているだけでほっこりします。

客室乗務員時代に訪れた数々のフライト先のホテル。窓は締め切られていることが多く閉塞感を感じてしまうこともあって、部屋は必ずしもくつろげる場所ばかりではありませんでした。そういうときはホテルのロビーでコーヒーを飲んだり、街のカフェへ繰り出して、できるだけ部屋にいないようにしていました。それでも疲れた身体をしっかり休めるため、少しでも安らげる部屋にしようと、ホテルに着いて真っ先にしていたことがあります。それは、部屋をコーヒーの香りで満たすこと。スーツケースから、持参した小さな電気ケトルとマグカップを取り出し、コーヒーを淹れると、部屋にコーヒーの香りが漂い、ほんの少し気分を紛らわすことができました。

自宅でもリラックスしたいときにはコーヒーを淹れ、香りを楽しむようにしています。コーヒーの香りは私たちにとって、疲れた身体を癒し、ごちゃごちゃとした頭の中をリセットさせてくれるアロマのような存在です。

*Let's chill at a home-made cafe*

# コーヒーを最高に楽しむ場づくり

家でコーヒーを楽しむ醍醐味は、味わうときより準備をしている時間にこそ詰まっている気がします。豆を挽き、湯を落とすときに部屋にひろがるコーヒーの香り——そのときが一番幸せな瞬間です。家でコーヒーを楽しむ私たちにとって、準備をする場所も大事な居場所づくりのひとつとなっています。

コーヒーを淹れる場所は、キッチンに近いダイニングの一角にある窓辺。ここに、さまざまな器具を収納できるラックを置き、一番上の台でコーヒーを淹れています。窓辺で淹れることで、新鮮な外気と一緒にコーヒーの香りを楽しめ、それがとても気持ちよいのです。山に行くと深呼吸がしたくなりますが、コーヒーを淹れているときも似たような幸福感でいっぱいになります。また、コーヒーを淹れながらぼんやりと外の景色に目をやるのも楽しみのひとつです。豆の状態を確認したり道具を拭いたり整えたり——長く家にいるときは数時間おきにこの場所に立つこともある、私たちにとって欠かせないコーナーです。

**頻繁に使うもの以外のコレクションは棚にまとめて**

コーヒーステーションに並べられた器具は、気分や季節に応じて取り替えます。使わないときは、棚の一箇所にまとめて収納しておくと便利。

# わたしたちの お気に入り空間

自宅には通称・コーヒーステーションと呼ばれるコーヒー器具をまとめる専用ラックがあります。機能だけでなく色や素材感を入念に検討して選んだものだけを並べています。

Make every corner of your home comfortable

# 家の隅々まで楽しむ

せっかく手にした家だから、隅々まで気持ちの行き届いた空間にしたいと考えています。私たちの場合は、例えばコーヒーを楽しむ場所を家中につくる――そうすることでその思いを満たすようなイメージです。コーヒーを淹れるためだけのコーナーをつくったり（71頁参照）、ちょっと発想を変えて、窓枠をテーブル代わりにしてみたり。リビングには腰高で奥行きが20cmほどの窓枠があり、外の景色を楽しみながらコーヒーを飲むのにちょうどいいのです。（114～115頁にあるように）ダイニングチェアをあえて種類のちがう椅子にして、座り心地の違いを楽しんだり、ときには一人きりの部屋で静かに佇み、コーヒーを飲んだりしています。

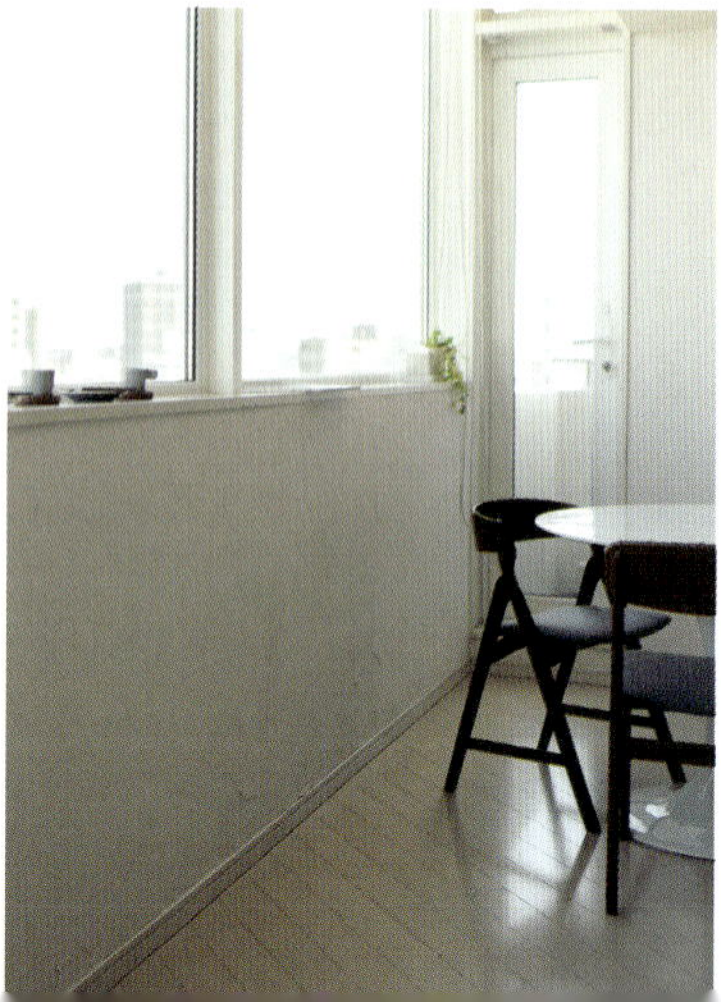

# 窓枠は
# コーヒー
# テーブルの
# 代わりにもなる

窓枠の奥行きが20㎝程あれば、カップ＆ソーサーが程よく収まります。そこにイスを移動させるだけで立派なコーヒーテーブルに早変わり。マンションから眺める景色が外の様子を刻々と伝えてくれます。雨の日には交差点を行き交う人のカラフルな傘の模様が気になったり、季節ごとに桜の花びらやイチョウの葉などが突風に吹かれて舞い上がっている様子に心躍らせたりしています。

# 気分に合う居場所を探す

お気に入りのカフェがあったら、今回はここに座ろう、次に来たときはあそこのソファに腰掛けてみようと居場所を探します。自宅でも同じように、そんな居場所をたくさん作れたらと考えています。

A

C

B

A 外の景色を眺めながらゆっくりとコーヒーを飲みたいときは、窓辺をコーヒーテーブル代わりにして。

B 来客時、キッチンに立って作業をしながら、スツールに座る友人とのひとときを楽しんだりも。

C 窓枠はダイニングチェアに座ると、ちょうど横浜の街並みが隠れる高さ。海と空だけの景色を眺めながら、ゆっくりと食事を堪能しています。

D 短時間で気分を切り替えたいときは、外の景色を眺めながら無心でコーヒーを淹れることに没頭するときも。

E 空っぽになりたいときは、ロッキングチェアでひとりまったりとコーヒーを飲みます。

D

E

*Multi purpose room ideas*

# 小部屋を多目的に使い分ける

自宅にある6畳ほどの小部屋。この部屋は、気分転換を兼ねてよく模様替えをしたり家具のレイアウトを変えたりしています。部屋の使い方を特に決めず、「家族が自由に過ごすことのできるLDK以外の部屋」として存在している部屋なのです。

もともと家の近くにアトリエ兼仕事場を構える前は、この部屋をワークスペースとして使っていました。今でも日中やり残した仕事は、帰宅後あるいは週末に持ち帰ってこの部屋で作業をすることもありますが、それ以外にも、一人でぼーっとコーヒーを飲んだり、ときには気分を変えて朝食をとったりする部屋にして遊んでいます。小さい部屋でも壁の色や素材を替えたり、照明の種類や

## 壁の色も大胆に変える

小部屋の壁の一面はチョークボードに。落ち着いた壁を背に朝食やコーヒーをゆっくりと楽しむこともあります。

家具のレイアウトを変えたりして自由気ままに使い方を変えて楽しむ。これもカフェノマ流です。

## 廊下に面した内窓で気分転換

集中したいときは閉じて鍵をかけることができる内窓。仕事に取り掛かる前やリラックスしているとき、天気がよく気持ちのいい日は開け放して変化をつけています。

Enjoy the rustic house plants

# 素朴な草花を楽しむ

小さい頃に住んでいた自宅の庭には、母親が育てていたコスモスやかすみ草がたくさん咲いていました。当時それを小学校に持って行き、先生に褒められていた日のことを今でも思い出します。そういう記憶も手伝って、いまだに家に花を飾る習慣が続いています。飾る花はカラフルな花束ではなく素朴な草花ばかり。色の彩度が高く豪華な花は周辺と調和しにくく、その華やかさゆえ着飾ったよそ行きの顔のような印象をもってしまうのです。日常的に鑑賞するために自宅に飾るなら、素朴な色合いの花の方がしっくり馴染むように思います。鮮やかな色の花でも、それがドライフラワーになれば話は別。ドライフラワーになることで、華やかな色味が落ち着いて淡く優しい雰囲気に。半年以上は鑑賞できるという点でもおすすめです。普段の生活のなかに身近にあるような素朴な草花を飾るだけで、部屋の雰囲気を損なわず、インテリアをそっと引き立ててくれる効果がうまれます。

## ドライフラワーなら長く楽しめる

今ではドライフラワー専門店もあり気軽に利用することができます。鑑賞期間が半年以上と長いのもドライフラワーの大きな魅力です。

## 小さな草花なら手軽に飾れる

ベランダでパンジーやハーブなどを育て、そこから切り取って小さなガラス瓶にいれて飾ることもあります。例えばキッチンカウンターの端やトイレなどに置くと自然と目に留まり和みスポットに。小さな草花をいれたガラス瓶たちをひとつにまとめると素朴な味わいを残しつつもボリュームが出ます。思い立ったらすぐにできる楽しみ方です。

## テレビの脇に置いて無機質な空間を和らげる

味気ない電化製品の近くに植栽を置くだけで、無機質な空間がすこし和らぎます。テレビよりやや高いぐらいの大きさのオリーブの木などを置くと調和しやすいです。

## 垂れ下がる植物をワンポイントに

葉っぱが白い壁を伝う様はインテリアの差し色にもなります。直線的な窓辺の壁のラインを、すこし崩して抜けをつくるような感覚で置き場所をときどき変えています。

*Ideas to simply enjoy artwork*

# アートを楽しむ

整然として機能的な部屋はすっきりとした印象を与えますが、一方でちょっとかしこまった冷たいイメージを持ってしまいます。そんなとき、抜け感を意識したインテリアでカジュアルダウンし、バランスをとることがあります。たとえばアートポスター。かすれたような味わいがあり、アナログ感のあるゆるい線、ちょっととぼけた感じのアートがこんなときはぴったりです。何でもない白い壁もアートを飾ることで自然と視線が誘われ、ふっと心が和むようなポイントになります。そして空間全体にも個性が生まれ、より自分らしい場所になっていきます。

　ポスターは比較的お手軽な価格で手に入れることができるので、何か

## 子どもの頃の服もアートに

小学校の修学旅行に着ていったお気に入りのセーターも額に入れるだけでかわいいアートになります。この他に、お気に入りのファブリックの切れ端を気軽にアートとして再利用することもあります。

## フレームもしっかり選ぶ

フレームもインテリアの一部。飾るものの印象を左右する要素です。できるだけ壁や周辺のほかの家具との相性を考えて素材を決めるようにしています。アートを活かすため極力シンプルな形状のものを選びます。色は床や家具のいずれかの色と合わせるとうまく馴染みます。

## 好きなページを飾る

アート本から好きなページを切り取り額に入れて楽しむのもよくやる手法の1つです。

物足りない、もう少し雰囲気を変えてみたいというときにすぐに試してみることができます。ポスターに限らずお気に入りのデザイナーの本を買って好きなページを切り取り、額に入れて飾るのもいいですよね。好きなページにいつでも触れられる、そんな些細なことが普段の生活を少しだけ楽しくしてくれます。

## アートを飾って日常にちょっとした変化と彩りを添える

リビングのなかで一番目立つ壁が窓際にあります。そこに飾るアートはそのときどきの気分にあわせて、さまざまな絵柄を楽しみながら選ぶようにしています。実はこの裏側に換気口があり、それを隠すような意味もあるのです。

*Relaxing time in natural sunlight*

# 自然光を楽しむ

自然光（太陽光）が心地よい――そう感じるようになったのは自宅で写真を撮り始めてから。インスタグラムに投稿する写真の大部分を自然光の下で撮影していますが、毎日撮るうちに照明との違いをリアルに感じられるようになりました。自宅のLDKは北東の方角に向いています。日差しがきつく感じる時間帯はお昼前まで。そのあとは直射日光も和らぎ、安定したやさしい光がリビングの隅々まで届くようになります。時間の経過とともに変化する自然光。それに合わせるかのように家具やインテリアも少しずつ表情を変えていく――そんな様子を眺めているのがとても好きなのです。

　自然光は窓の外の景色も変えます。リビングの窓からは眼下に幾多のビル。その先に横浜の海が見えていて、晴れの日の午前中は街中が太陽に照らされ白く見えている――でも午後になって陽の光が弱まってくると、街が色を取り戻すように見えるのです。お休みの日はそんな様子をのんびり眺めていたくて、家でお菓子をつくったりコーヒーを楽しんだりする時間がすっかり長くなりました。

### 南向きの開口でなくとも十分自然光を楽しめる

北寄りの方角に腰壁付きの連窓がある自宅のマンション。南向きではないですが、一日中安定したやさしい太陽の光が届きます。

Tips to make your guests feel welcome

# ゲストをもてなす

普段は、自分たちが気持ちよく快適に過ごすことを考え、インテリアを工夫し部屋を整え過ごしています。あくまで「自分たちのために」が基本ですが、ときどき招くゲストにもくつろいでもらいたい気持ちは一緒です。そのために大切にしていることは、〝いかに自宅にいるようにリラックスしてもらうか〟を考えること。ゲストに気兼ねなくくつろいでもらいながら、同時に自分もリラックスして過ごしたい。そんな思いが募ってやがてカタチになったひとつのアイデアが、「好きなコーヒーでもてなす」という考えです。

1章で触れたように、私たちはお気に入りのカップはしまい込まずカップボードに飾っています。普段使いできてインテリアにもなるし、ゲストを家に招いたときにはちょっとした会話のきっかけになって場を和ませてくれます。コーヒーを淹れる間にそこから好きなカップを選んでもらい、席に座ってもらうまでのすこしの時間を楽しんでもらうのです。こうして、まるでカフェに来たかのような、ちょっとした非日常を味わってもらえればいいなと思っています。

## お猪口を選ぶようにコーヒーカップも選んでもらう

カップボードだけでなく、籠にしまった中から好きなカップを選んでもらうこともあります。エスプレッソカップは小さいので、お酒を呑むときのお猪口選びにヒントを得ました。

## 普段使いできて インテリアにもなる カップボード

大切なものほどしまい込まず、積極的に使うようにしています。季節によって模様替えをするように、カップボードのディスプレイも時々入れ替えます。

a simple way to hide home clutter

# 生活感を隠す

頭の中に理想の空間のイメージがあっても、日々の生活に追われてなかなか実現できないこともあります。例えば、リビングのインテリアを台無しにする色鮮やかなもの（私たちの場合は犬のおもちゃ）、テレビやエアコンのリモコンなど味気ないプラスチック製品など、理想の空間にはあって欲しくないモノがリビングに——そんな風景を仕方ないと半ばあきらめてしまうなんてことも。

かといって、よく使うものを几帳面にしまいこむと生活の利便性が損なわれてしまいます。そんなときは見た目と利便性を両立させるため、

## 犬のおもちゃはサッと片付ける

あっという間にリビングが散らかる理由は犬のおもちゃや遊び。ひと通り遊び終わったらその都度ササッとかごに入れてしまいます。ポイ入れなので煩わしさもありません。

ちょっとした収納かごを用意し、外に出しておきたくないものをポイ入れするようにしています。かごは、ササッとしまえていつでも取り出せる取っ手のついた軽い素材のものを選びます。無理なく片付けられるシンプルな形状のものがおすすめです。インテリアに馴染む、気に入った素材・デザインのかごさえ手に入れば、明日からすぐに実行できるのも魅力です。インテリアから浮いてしまうものを隠して、目に入る色や素材を絞ることで、大人もくつろげるすっきりとした空間を保つことができます。

## かさばる日用品はかごにまとめる

ナプキンやストローなど日用品のストック、何かとかさばるお菓子づくりに必要な型など主に軽いものをかごにまとめて入れて食器棚の上に置いています。

# 北欧の静かな空港が気付かせてくれたこと

天井から床まで木をふんだんに使った美しさが印象的なノルウェー（オスロ）のガーデモエン空港。ここで印象的なのは建築としての美しさだけではありません。この空港はいわゆるサイレントエアポートと言われていて、5年前に初めてこの空港を利用した私もその静寂を肌で感じました。

　空港といえば、行き先や出発を告げるアナウンスがひっきりなしに流れているイメージですが、この空港ではそのアナウンスが全くないのです。快適な公共施設を目指しているため静

寂さを保つのもそのサービスの一つ、という考え方に基づいているようです。緊急時以外のアナウンスは全くなく、その静けさは日本の生活に慣れているとかなり面食らいます。

出発時刻は各自が把握し時間になるとゲートがスーッと音もなく開き、各々がしずしずとゲートに吸い込まれて行く。最初この光景を目の当たりにしたときはある種の感動すら覚えました。おそらくアナウンスがないからと言ってクレームを言う人はいないでしょうし、それぞれの責任において自分のスケージュールを把握するという、ごくあたりまえのことをみんなが淡々と行っているだけ。出発までは本を読んだりコーヒー片手にパソコンをして過ごしたり、各自が自分自身のペースを乱されたりすることなく静かに過ごしています。もちろん談笑するひともいるのですが自然と声のトーンやボリュームも小さくとにかく穏やかな静寂さに包まれているのです。

今でも時々この空港での体験を思い出しますが、本当に居心地のいい空間ってなんだろう？　そして本当に必要なサービスとはなんだろう？　と、ふと原点に立ち返って考えさせられるのです。

The rules to be a good chooser

# 3 モノの選び方

Useful gray colors

# 主張しすぎないグレーは使いやすい

他の色と組み合わせることで、そのよさが際立つグレー。一般的には主役の色というより周りを引き立てる色というイメージがあります。また、日本語の灰色という言い方もあって、どちらかというとポジティブな色という印象はあまりないかもしれません。

しかし、グレーのもつ品のよさや落ち着き、洗練された雰囲気が好きで、私たちはしつらいにグレーをよく使います。無彩色のためグレーの色自体が主張しすぎることがなく、広い面を覆うのにも適しています。例えば大型の家具ならソファにグレーを——差し色に辛子色のクッションを使ってアクセントにしたり、同じグレーでもブルーグレーや少しベージュがかった生地を組み合わせ、グレーが重なり合うグラデーションを楽しんだりもします。自宅の寝室の枕側の壁にはブルーグレーの塗料を塗ってアクセントにしていますが、白を基調としたリネンのベッドにもよく合い、清潔で落ち着いた雰囲気づくりに役立っています。

# 無限の組み合わせが楽しめる

他の色と組み合わせても、グレー同士を組み合わせても、馴染んだ落ち着きがだせるグレー。大きな面積を占めても気になることがありません。

# グレーの使い方いろいろ

## グレー×白で明るさをプラス

枕にしたり、足を載せたり、犬がベッドにしたりと大活躍のIDEEのPUUF。グレーと白のバイカラーで、グレーのみの時より明るい印象に。

## グレー×グレーは安定感抜群

グレー×グレーの組み合わせは、グレー自体の色味に違いがあってもグラデーションとなり調和します。色味としてもどこか柔らかさがあるので、見た目にもうるさくなりません。

## グレー×黒なら
## シックにまとまる

テーブルクロスに使用しているこの布、実はガーゼのような生地でつくられた赤ちゃんのおくるみ。ポップな柄もグレー地を選べば落ち着いた印象になります。グレーは黒との相性も抜群。モノクロ空間よりもどこか柔らかなシックさを演出できます。

## 床面をグレーにすると洗練された雰囲気に

広い面を覆う床にもグレーは効果的。床をグレーにすると洗練された大人な印象になります。また木製の家具との相性もよく、お互い引き立てあいます。

## ソファをグレーにするとクッションで遊びやすい

大きな面を占めるからこそ重要なソファの色選び。グレーは無彩色のため、どんな色と合わせても喧嘩することがありません。クッションにどの色味や柄を選んでも、グレーのソファに合わせれば上品に収まります。

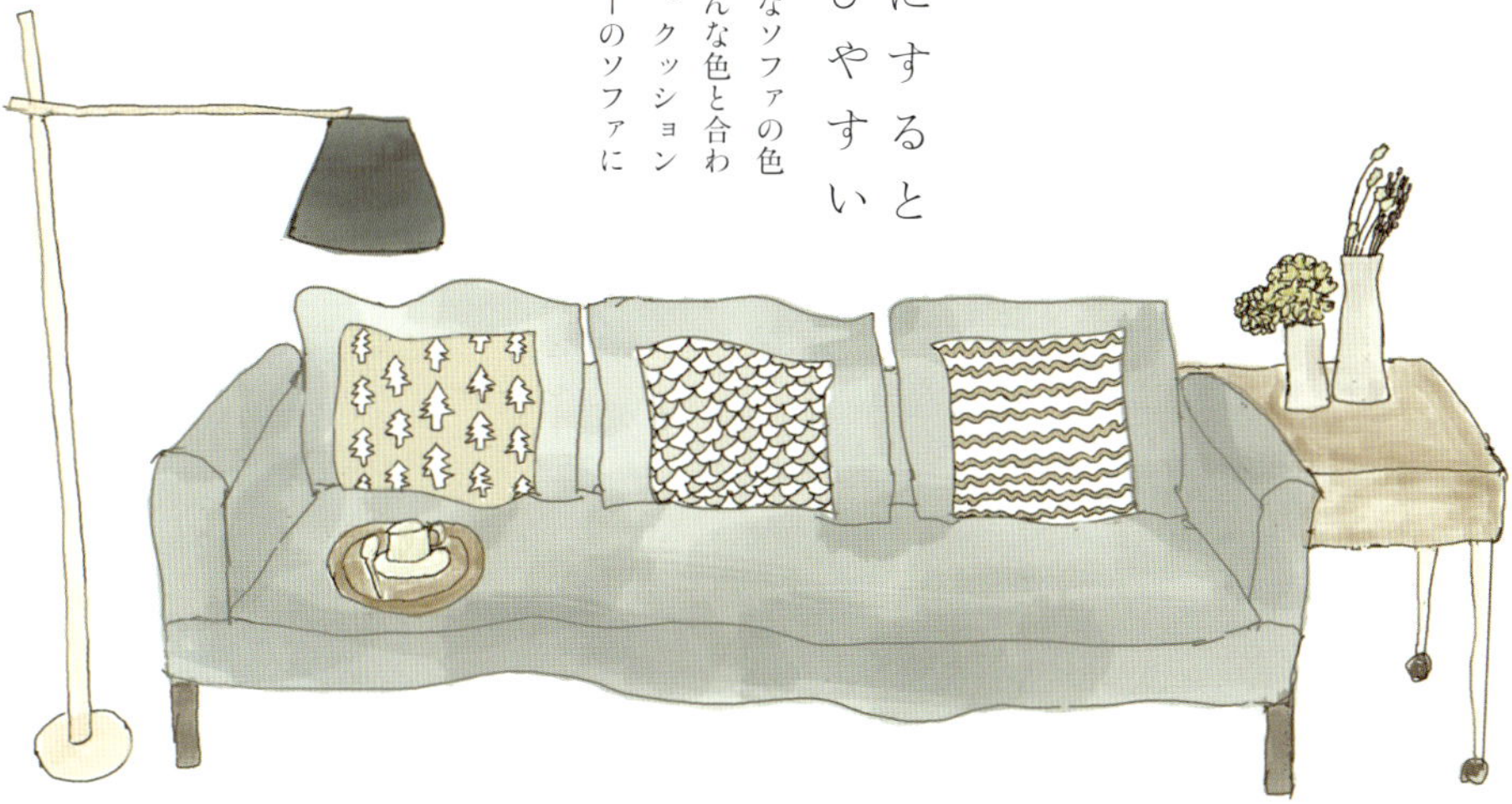

## グレー好きのきっかけ

グレーのよさに最初に気付いたのは小学生のときのこと。それまであまり興味のなかったピンク色のタートルネックが、グレーのジャンパースカートと合わせることで、とてもきれいに見えたことに驚きました。それ以来、他のいろんな色を引き立てる色として、グレーを好んで合わせるようになったのです。

Black items will go well with wooden furniture

# 黒は木と合わせて使う

もともと黒は嫌いな色ではなかったのですが、どうやってインテリアに取り込んでいいのか分かりませんでした。どちらかというと白やグレーを基調とした空間を好む弓庭にとって、黒は色として周辺のさまざまなものを打ち消してしまうような重々しい印象があったのです。

その後、カフェノマの活動を通じて、刈込のセレクトで少しずつ黒い家具が増えていきます。たとえばスツールの座面やスタンドライトのランプシェード、さらにダイニングチェアの座面など。取り立てて戸惑うこともなく、なんとなく「悪くないかな」という程度に、自然と黒を使った家具が受け入れられるようになっていきました。

なぜ黒が違和感なく取り込めるようになったのか、最近まであまり意識したことがなかったのですが、あらためて自宅にある黒い家具や、仕事でチョイスした家具をみると、かならず家具の構造の一部に木製のパーツが使われていることに気付きました。白い壁や淡いグレーのインテリアには馴染まない黒でも、木製のパーツがクッションになって、全体がひとつにまとまるように思うのです。部屋の壁の色が黒い場合は、木製の家具の面積を増やすことで重々しい空間に少し優しい雰囲気を取り込むことができるはずです。

## 黒×木の組み合わせが空間に優しさをプラス

ランプシェードの黒も木製のスタンドと組み合わせることで、優しい雰囲気をもたらします。

## 木製の家具でバランスをとる

黒い家具やインテリアが目立つ空間は、木製の家具を多めに配置することで、黒が強調されず重々しい印象もなくなります。

Consider if the furniture will fit in home

# 家に迎えた後の暮らしを しっかりシミュレーション

北欧家具を中心にビンテージ感のある家具が好きで、自宅近くの家具屋によく出かけます。買うことはなくても、デザインの美しさや、誰かが大事に使っていたような痕跡のあるビンテージ家具を見ているだけで心がほっこりしてきます。たまにこれは！　と思う家具に出会ったりしますが、気に入った家具があっても見た目だけで即決して買わないように心掛けています。それは、飾りだけの小物はできるだけ持たない（16頁参照）というのと一緒です。

家具に限らず、何かを家に迎える際にポイントとなるのは想像力。妄想力といってもいいかもしれませんが、家に迎えた後の暮らしをひたすら具体的に想像して購入するか否かを考えるようにしています。家具であれば、その家具が置かれた部屋の様子をイメージしながら、頭のなかで実際の生活をシミュレーションしていくのです。そうすることで、家に迎えた直後から、元からそこにあったように他の家具とも馴染みますし、買って後悔することもありません。

# 家具を買うまでの流れ

1

### 買う前に想像する

周辺の色と合うか、生活導線に無理が出たりしないかなど、頭のなかで想像しながら気になることをあれこれ洗い出します。

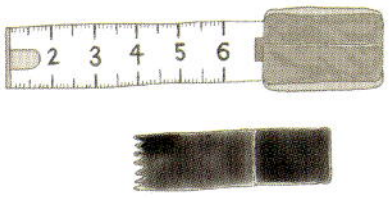

2

### マスキングテープを使う

テーブルなどは幅や高さ、奥行きのサイズ感をイメージできるように床や壁にマスキングテープで印をつけます。また、付属して使う椅子などを置いて、実際の体積を感じとれるようにします。

3

### 1週間寝かせてみる

2の状態で1週間寝かせます。1週間たっても気持ちが揺らがなければ、本当に欲しいものとして迷わず買います。

Leggy furniture will make more of your space

# 抜け感をつくるために脚があるものを選ぶ

私たちが家具をセレクトするとき、空間の使い方や目的、その家具の置き場所に応じて、脚付きの家具にとくにこだわる場合があります。脚付きの家具は、脚の高さの分だけ床が見え、抜け感を保ち、空間を圧迫することがありません。逆に脚がない家具の場合、床面が覆われることで圧迫感を感じたり、空間に重さを感じたりしてしまうこともあります。

なかでもとくにインテリアのアクセントとして重宝するようになったのが北欧の家具です。温かみのある優しいデザインが特徴的な北欧の家具には、脚付きの家具が多くみられます。寒さの厳しい北欧には古くから床暖房があって、そのため収納されたものが床から伝わる温度で温まり過ぎないように、脚のある家具が多いようです。足元がすっきりとした、見た目に美しい北欧家具がとても好きなことに加え、抜け感を保てるため、狭小空間やモノが多い場所ではできるだけ脚付きの家具を選ぶようにしています。

脚の華奢さが圧迫感を軽減するポイント

## 数cmの脚が すっきり感を生む

たとえ数cmであっても脚があれば床面が見えるので、すっきりした印象になります。このデンマーク製のシステム収納家具は、脚があって薄くて腰高、さらにはスモーキーな色味という点が気に入っています。

## 小振りな棚なら 脚長でもＯＫ

神戸にある「北の椅子と」というお店で出会ったアイキャッチになる棚は、高さ70cm、幅60cm、奥行き28cm。小振りなので脚が長くても、重心が高くなり過ぎることもなく、程よい華奢さと上品さを醸し出します。

自宅で使っているコーヒーテーブル。テーブルを選ぶ時は、天板の端ではなく内側に脚が付いているものを好む傾向があります。脚が細いことによる華奢さも好きなのかもしれません。

Choose something you cherish into your home

# ずっと大事にできるものを選ぶ

年月の経過とともに単に劣化し古くなるのではなく、使い込むほどに風合いが増していくものに囲まれていると自然と気分が落ち着きリラックスできるように思います。このテーブルトップは古材を扱うショップで購入したもの。実はコーヒーをこぼしたシミもところどころにあるのですが、もともとの無骨な雰囲気も相まって、今ではテーブルの味わいのひとつになっています（まるでもともとあった模様のように！）。

使えば古くなるのは当然ですが、必ずしもすべてが味のあるものになるとは限りません。例えば、樹脂でできた木目調の化粧シート。それらが貼られた家具などは熱や汚れに強い反面、傷がつくと表面がめくれたり削れたりして下地が見え、味気ない雰囲気になってしまいます。それよりむしろ、傷や汚れさえも味になるもの選びを心掛けています。購入時にすでに使い込まれていて、その後も変化をじっくり楽しめるような素材なら、家に迎え入れたその日から空間に馴染むように思うのです。

## 表情の変化を自然な風合いとして楽しむ

正直なところ、普段のお手入れはほとんどしていません。何かをこぼしたらすぐに水拭きする。それぐらいでごくごく普段遣いをしているだけです。ツヤ感が落ちてきたりはしますがそれも自然な風合いとして楽しんでいます。

*Stainless steel and aluminum can create cafe-ish interior*

# カフェ感を出す ステンレス・アルミ素材

スポットライトに照らされた舞台のような印象を与えるカフェの「見せキッチン」。そんなカフェ感のあるキッチンに憧れ、自由設計が叶った自宅のマンションにも取り入れたアイデアがあります。アイデアのもとはカフェでよく目にするシンプルで機能的なステンレス製の厨房設備。

　1章の「好きなものから考える（8頁）」でも触れたように、味わいのある古レンガをキッチンに使うことは最優先で決めていました。次に対照的なイメージを持つステンレス素材をレンジフードや冷蔵庫に取り入れることに。リビングから眺めるキッチンの姿には特にこだわっていたため、レンガの風合いとステンレスの相性を想像しながら、何日も悩んだ記憶があります。

　家電なども見せる収納にする場合、ステンレスやアルミ素材で揃えると統一感もでて見た目もスッキリします。もちろん機能的に、汚れに強く耐久性のあるいい点も見過ごせません。さらに、ステンレス素材を木製素材と合わせることで、ステンレスの持つ洗練された雰囲気に木の温かみが加わり、いっそうカフェ感のあるキッチンの風景が広がります。

## 大きい面を占める家電や設備をステンレスで統一

レンジフードや冷蔵庫など、大きい設備や家電にステンレス素材を用いると、見た目にカフェのような印象を与えてくれます。

# 木製家具と合わせればカフェ感がさらに増す

小物も同じステンレスやアルミ素材で揃え、さらに木製素材のものや木製の家具と合わせることで、カフェ感がいっそう増します。

a useful yet stylish round table

# 見た目も使い勝手もよい ラウンドテーブル

プライベートでも仕事でもよく用いるのがラウンドテーブル。一般的な部屋は直線で囲まれた四角い間取りがほとんどで、空間を和らげる効果をねらって角の取れたテーブルを置きたいためです。インテリアコーディネートの依頼があった際は、主にLDKのような広々とした場所で、食卓として利用することをおすすめしています。

ラウンドテーブルのなかでもお気に入りは、天板を支える脚が一本のもの。上から見ても横から見ても美しいフォルムは、テーブルの上に吊るしたペンダントライトと合わせれば、ダイニングの主役のような存在感をだしてくれます。見た目だけではありません。一本脚のタイプなら脚が邪魔にならないので、椅子が一つ二つと増えても自由に配置できます。おかげでテーブルを囲みやすく、また、丸いおかげで上座下座ができないため、ゲストを招いても躊躇なく腰掛けてもらうことができます。

一本脚が美しい

一本脚のテーブルは、足元もすっきりと抜け感が保てます。テーブル上にペンダントライトを吊るせば、ダイニングの主役にもなります。

## 椅子の配置も自由自在

丸いおかげで椅子が一つ二つと増えても自由に配置できてテーブルを囲みやすいです。

Spending time with yourself at long table

# ひとり時間を楽しめるロングテーブル

天井が高くて薄暗い、昔ながらの図書館が好きで、機会があればなるべく訪れるようにしています。ひとつの長いテーブルに少しずつ間隔をおきながら座り、調べごとや勉強に集中している人々の姿がなぜか落ち着いた気持ちにさせてくれるのです。ロングテーブルに見ず知らずの人が集まって静かに過ごしている――これと似たような印象のお気に入りのカフェがあります。

けっして大きくはないそのカフェの中央には、長さ3mほどの木製のロングテーブルがあって、やってきた人はそのテーブルに間隔をおきながら座ります。一人でコーヒーを飲む人は黙々と自分のことに集中し、二人連れの人は隣との距離が近いためか、みな小さな声で話をしています（まさに図書館のように！）。テーブルの中央にある大きな花瓶には、大振りなグリーンや花がラフに活けてあり、客同士の目線が合わないようにという店側の配慮も感じます。

カフェノマのアトリエにあるロングテーブルも、図書館やカフェにあるロングテーブルのような使い方を意識しています。普段は打ち合わせのテーブルとして使っていますが、来客がないときは決められた自分のデスクスペースから離れ、このロングテーブルの好きな場所に座って、気分を変えるように仕事をするのです。ときには、ランチを食べたり、本を読んだりと自由な使い方を楽しむこともあります。

## 余白をつくる家具選び

一人あたりに必要な面積はW60㎝×D40㎝を目安にしています。W180㎝×D80㎝ほどあれば6人掛けに適した大きさですが、4人家族の場合でも広めに使え、かつ間延びもしない大きさだと思います。座っていても通れるよう、テーブルの後ろはその縁から1m程度は確保するようにしています。

Collect chairs of different furniture styles

# 椅子は不揃い だから楽しい

自宅のダイニングには、形の違う椅子がバラバラと並んでいます。座り心地やデザインの違う椅子を一つ一つ吟味して、時間をかけて手に入れているためです。でもそんなバラバラな様子がとても気に入っています。もともとセットになった家具に馴染めないのも、同じ椅子を揃えない理由のひとつかもしれません。あらかじめ組み合わせの決まったテーブルと椅子に、思い入れのない無味乾燥な印象を持ってしまうのです。

自宅では日替わりで座る椅子を選んで楽しんだりもしています。座り心地を確かめるように「食後はこの椅子でコーヒーを飲もう」とか「今日はこの椅子でゆったり本を読んでみよう」という感じです。同じダイニングチェアでも、背中を支える背板の角度や広さ、座面のクッションの違いで座り心地は変わります。ダイニングチェアはセットで考えず、一つ一つ椅子の個性を大事にしながら選ぶスタイルをおすすめします。

# 椅子の座り心地を楽しむ

バラバラの椅子が並ぶカフェに入ると、思わず嬉しくなってしまいます。次に来たときはあの椅子に座ろうなどと妄想をついつい膨らませてしまうのです。自宅のダイニングチェアもそんなカフェをイメージしながら一つ一つ選んでいます。

自宅を真似て、
事務所にも
バラバラの椅子を

カフェノマのアトリエ兼撮影スタジオにある会議用のロングテーブルにもバラバラの椅子を並べています。打ち合わせのないときは、ランチをとったりデスクワークをしたりして過ごしています。その時の気分に合わせて椅子を選べるのも楽しいです。

*Find the right sofa, considering how to relax*

# くつろぐカタチから<br>ソファは考える

ソファは、その大きさや形状だけでなく色や生地の選択肢も多く、ともすると見た目だけで選びがちです。しかし、長い時間くつろぐ場所だからこそ、見た目だけではなく使い勝手にもしっかり目を向けるようにしています。

　自宅に置いているグレーのソファは、北欧デンマークのもの。見た目に品のある色と形、床が見え抜けを感じられる脚付きで、さらに生地が防水処理されていることも購入の決め手でした。リビング全体のバランスを考え、1章でご紹介した古いもの（経年変化した味わいのある素材）は、十分に揃っていたので、新しく清潔感のあるソファを探していたところ、このソファに行き着きました。座り心地も程よい硬さがあり気に入っています。普通に腰かけたり、脚を伸ばして横になったり、はたまたソファを背もたれにして床に座ったり……どんな体勢でも受け止めてくれます。

　ソファはリビングの主役。モノ選びとしてだけではなく、そこに座ったときの眺めが一番好きといえるように、置き場所もしっかり考えるようにしています。

## 自在に置き場を選べるクッションスツールが便利

クッションスツールなら、姿勢に応じてカタチを変えてくつろげます。狭いリビングでも置く場所に困らず自由なレイアウトを楽しめます。

## 防水処理された生地なら気楽にくつろげる

このソファの生地は、スエード調の防水処理されたファブリック。コーヒーを幾度となくこぼしているけど、さっと拭くだけで汚れが落ち、目立ったシミもありません。子どもがいる家庭やペットを飼っている場合は、防汚や防水処理しているものがおすすめです。

## 脚のあるソファで抜け感を

床が足元から覗くよう脚のあるソファなら、圧迫感がなくリビングを広く見せる効果もあります。

## クッションもセットで考える

ソファで横に寝そべる時、クッションを枕にしたり足を乗せたりすることもあると思います。ソファ選びはクッションもセットで考えます。

## ソファを背もたれにすることも考えて

コーヒーテーブルで何か物を書いたりするときは、床に座ってソファを背もたれにすることもあります。クッション性のある座面なら、寄りかかっても背中が痛くなることもありません。

## 壁置きにしなくても少しの工夫で使い勝手がアップ

壁置きではないソファを背もたれにした場合、体重の影響でソファが滑って後ろにずれてしまうことがあります。そんな現象も、どっしりと重さのあるソファを選んだり、ラグにソファを載せたりなど、少しの工夫で解消することができます。

## アーム部分も妥協しない

ソファでも、横になってくつろぎたい——そのため、頭や足をのせるアーム部分はなるべく柔らかい素材が好みです。

## 低めのソファが部屋を広く見せる

ソファは低めのほうが視線が抜けるため、部屋が広くみえます。かといって、あまりにも低すぎると立ち上がるのが億劫になってしまうので、そうならない座面（床から35㎝以上）を、高さの目安にしてソファを選んでいます。

Be a choosy about chusion

# クッションを妥協しない

一日中ソファで過ごす――ときどきこういう週末もあったりします。読書したり、コーヒーを飲んだり、あぐらをかいてパソコンをしたり。あるいは横になってうたた寝したり、床にしゃがんでソファで背中を支えてみたり。どんな姿勢でもくつろげる場所、それがリビングのソファです。

そしてソファといえばクッション。クッションはさまざまな動作や姿勢をサポートしてくれる、ソファの脇役のような存在です。そんなクッション選びに妥協はできません。形状だけでなく硬さもしっかり吟味したい点です。膝のうえにおいてパソコン台にしたり、頭をうずめてみたりして、用途に応じた最適な硬さにこだわります。また、カバーを変えて部屋の印象を変えるのもクッションの役目のひとつ。ソファ自体は単色なものが多いため、クッションカバーに遊びを取り入れながらアイキャッチにします。目につくモノだからこそ、柄やカラーを季節や気分に応じて替えて楽しんだりもします。

## 基本色＋差し色で考える

4つ並べるとしたら1つは差し色にします。差し色には、空間全体のアクセントカラーと同じ色を使うようにするとまとまりやすくなります。

## お気に入りが見つからなければつくってしまう

既成品の中から大きさや色柄までこだわって探すと中々気に入ったものが見つからないときも。そんなときは生地から自分で作ると選択肢が一気に広がります。テクニックは不要なので決して裁縫が得意ではない私でも簡単に作れるのも魅力です。クッションに使った生地の余りを額縁に入れて、クッションとお揃いで飾るのも楽しいです。

## 目的に応じて使い道いろいろ

背中に敷いたり、抱きかかえたり、首を支えてみたり。柔らかいものでソファに横になって埋もれるみたいに使ってもよし、硬めのものならひざの上においてノートパソコンの台のようにしても。クッションは用途によって硬さまで吟味するのがおすすめです。

*Blind will make your room look stylish*

# 窓辺をすっきりさせるものを選ぶ

普段はあまり意識することもなく、その存在を忘れがちなカーテン。でも閉めると意外と大きな面を覆っていて、空間の印象を左右していることに気付きます。たとえ開けているときでも、（本当はすっきりと壁に収まっていてほしいのですが）左右に大きな布の塊となって思った以上に目立つ存在に。とくに遮光性に優れたカーテンなどはその特性から生地も分厚く重々しい印象になりがちです。そうやって部屋全体の雰囲気を考えながら選ぶとき、実は結構悩ましいのがカーテンです。

　そこでおすすめしたいのがブラインド。窓枠にぴったりとスマートに収めることができるので、それだけで部屋がスッキリとスタイリッシュに見えます。またブラインドは下ろしていても、羽根部分だけで開閉具合が調整できるのが最大のポイント。光の差し込む角度や量を自由に調整することで、間接的な柔らかい光を取り入れ部屋全体をふんわりとしたやさしい明るさにしてくれます。視線を遮りながら光を取り入れたりできるので、締め切った息苦しさを感じることなく、快適に過ごすことができます。

## カーテンにはない質感も楽しめる

自宅のブラインドは、木製の羽根でできたもの。マットな質感で、優しい雰囲気になります。カーテンにはない素材感も気に入っています。

## 掃き出し窓には バーチカルブラインド

縦型のブラインドのことをバーチカルブラインドと言います。窓のタイプや部屋の形状によっては、横型のブラインドでは得がたい、縦型ならではの便利さを発揮してくれます。例えば、部屋に掃き出し窓がある場合、裾が紐で閉じていないバーチカルブラインドを選ぶことで、ブラインドを開けずに羽根の間を広げ、楽に出入りすることができるようになります。吹抜け空間のある大きな窓に使えば、縦方向に伸びる羽根が、天井の高さをさらに強調してくれる効果も期待できます。バーチカルブラインドの多くはファブリックでできているため、遮光タイプや羽根が洗えるものなど空間の雰囲気に合わせて柔軟に選択できることもおすすめするポイントです。

### バーチカルブラインドなら出入りもスムーズ

ブラインドの下が紐でつながっていないタイプもあり、羽根を大きく広げられるので通り抜けもラク。掃き出し窓にも気にせず使えます。

## 羽根が薄いので布の塊が気にならない

バーチカルブラインドの羽根は薄いので、全開したときカーテンほど布の塊ができず、すっきりとした見た目にすることができます。

## 和室との相性も抜群

和室にも合うバーチカルブラインド。隣り合う洋室と揃えることで、空間全体にまとまりが生まれます。

## 光の調整ができる

遮光タイプではなく、シンプルで無地のタイプのものなら適度に陽の光を通すので、閉めた時にも部屋が温かみのある優しい雰囲気になります。

カラフルでゆがんだ外壁や、その奇抜な外観が目を引くフンデルトヴァッサーハウス（Hundertwasserhaus）。およそ建築的常識からかけ離れたその自由な発想の建物は、画家でもあるオーストリアの建築家・フンデルトヴァッサーさんの代表作です。

初めてこの建物を見たのは20年も前のこと。底冷えのする雪の日、ウィーンの街を最寄りの地下鉄駅で降り凍えながら歩いて行ったことを今でも覚えています。もともと方向音痴な上に雪で真っ白になった街の中、迷いに迷ってやっとの思いでたどり着つくことができました。白い景色の中にひときわ目を引くその鮮やかな壁面が見えたときは本当にワクワクしました。

日本からはるばるオーストリアまで行ったのは、公共住宅らしからぬその建物を、この目で確かめたかっ

## 毎日がきっと楽しい
## フンデルトヴァッサーハウス

たため。芸術家やアーティストなど「いかにも」なひとたちではなく一般市民がふつうに暮らしている住宅。一見しただけではその奇抜さゆえ公共の建物だとは想像もつきません。

フンデルトヴァッサーさんは、自然界にない定規でひいたような直線を嫌ったといいます。このほぼ曲線のみでできた建物が実際に住宅として建っていることに驚きます。事実、敷地内の地面は大きく盛り上がり歪んでいるのです。入居者の居住スペースなので中には入れないのですが、間取りはどうなっているんだろう、この中でどんな生活がなされているんだろう、とそんなことを想像するだけでも気持ちが高揚します。

フンデルトヴァッサーさんは自然との共存というテーマも込めたそうなのですが、私は単にこの家とここに住む人々の不可思議な関係を見てみたかったのです。フンデルトヴァッサーハウスの住人にとってはこの建物さえごくありふれた日常というギャップに、尽きない興味を今でも抱いています。

cafenoma's favorite things

# カフェノマのお気に入り

4

*Shaking lines*

# ゆれる線

1章で述べた「味のあるものを2割取り入れる（10頁）」という話。私たちにとって「ゆれる線」も味のあるもののひとつに入ります。目にする空間やインテリア、小物の中にほんの少し揺らいだ線があるだけでのんびりとくつろいだ雰囲気を感じることができるのです。

ゆれる線を好きになったきっかけはディック・ブルーナさんの影響かもしれません。なかでも好きなのはグラフィックデザイナーとして手掛けた本の装丁やポスター。アトリエがあったユトレヒトにも何度も訪れ、ブルーナさんが通ったカフェや運河などの街並みを見てまわるのが何よりの楽しみでした。作品に惹かれるのは、シンプルなのにどこか温かい印象を与える、その微妙に揺れている線にあるように思うのです。あのミッフィーの輪郭を描くのに、時には丸一日かかったそうです。

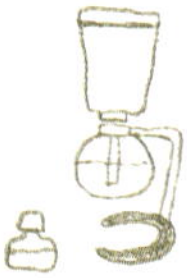

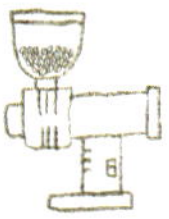

## ディック・ブルーナさんのゆれる線

ディック・ブルーナさんは、著書『ディック・ブルーナのデザイン』芸術新潮編集部編（新潮社）の中でも〝わたしの線は、いつもすこし震えています。まるで心臓の鼓動のように。震える線はわたしの個性なのです〟と語っています。

Our favorite colors

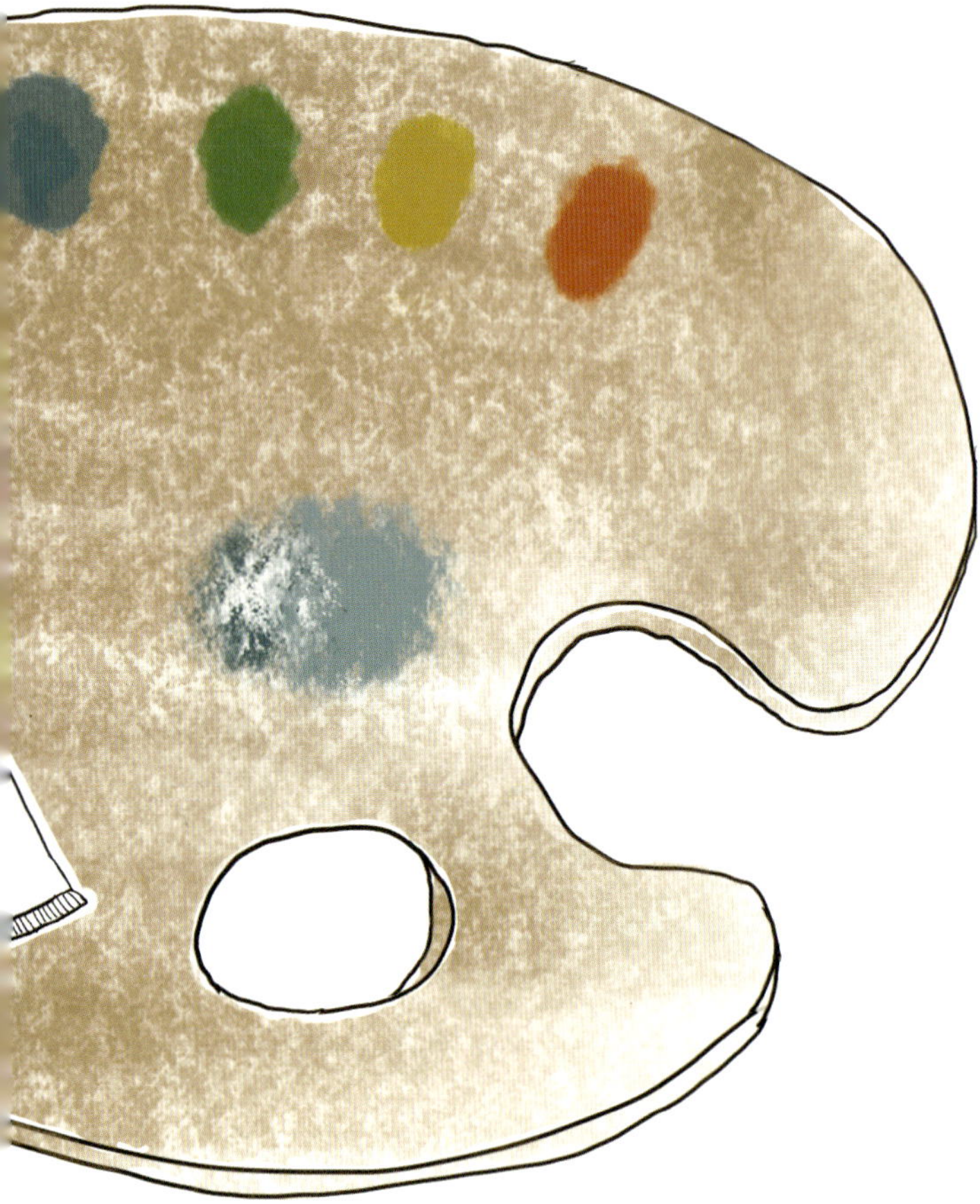

# 馴染む色

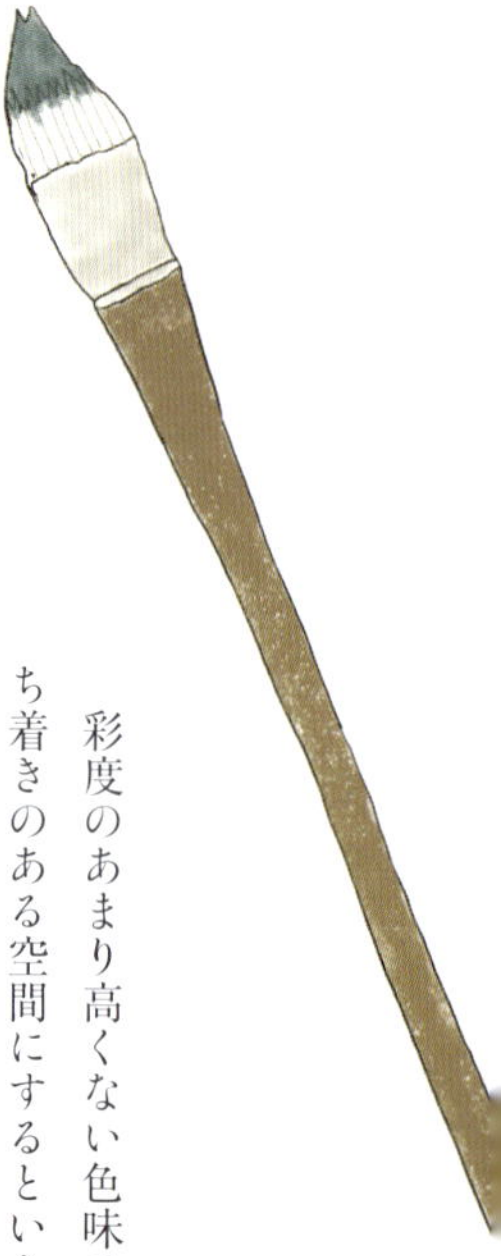

彩度のあまり高くない色味で、落ち着きのある空間にするというお話を1章でしました。「落ち着き」というのは目に優しいだけでなく、自分を取り囲む家具や空間全体が馴染むという意味もあります。鮮やかな色のモノは、互いに主張し合って譲らず、空間がなかなか落ち着きません。一見眠たくなるようなアンニュイな色調でも、毎日の何気ない生活にとって、それは空気のように気にならない（でも必要な）存在としてなくてはならないものだと思っています。

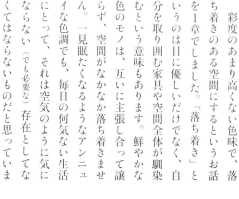

PEACOCK GREEN

cafenoma music selection

# コーヒーと音楽

自宅で過ごすことが多い私たちですが、ときにはカフェや喫茶店に行くこともあります。たいていの場合、ひとりになりたいという理由から、何かに集中し没頭するために行くことが多いように思います。たぶん人の目を気にしたり、逆に存在を気にされたりすることなく、雑踏に紛れるようにぼーっとできるのが心地いいのかもしれません。

色々な街のノイズが程よい音量で混ざり合って心地いいし、BGMが耳ざわりならイヤホンで自分の好きな音楽に切り替えてもよし。だれからも干渉されずに自分のペースで考え事や作業ができる、なのにひとりという感じはしない。コーヒーの味を楽しむのはもちろんですが、むしろ空間を楽しむようにしてカフェを利用することが多いです。

そんなとき、そんな場所で楽しめる音楽をセレクトし、「cafenoma music selection」として、Apple Musicに公開しています。

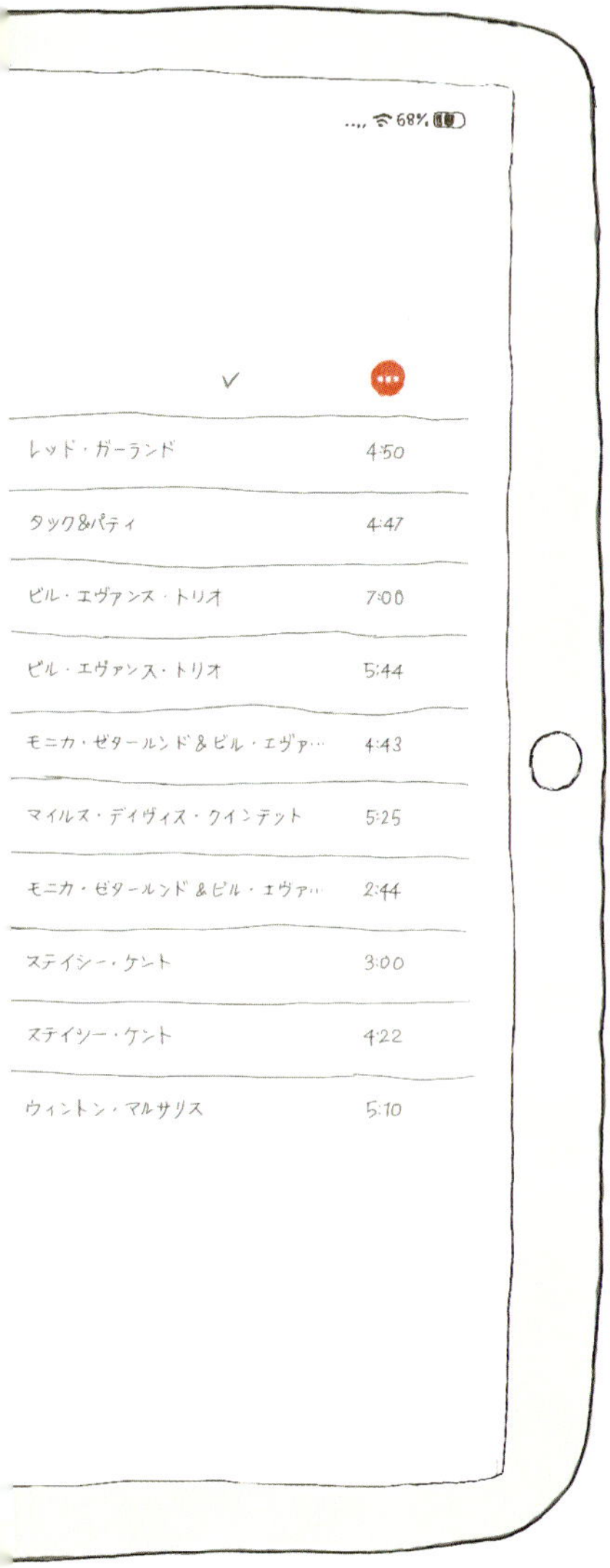

## カフェノマのおすすめ音楽

ジャズやクラシックのピアノ曲を中心に、コーヒーを飲みながら聞きたい音楽を、Apple Music上に公開し、プレイリストとして共有しています。

https://cafenoma.style/music/

*Tiny little things*

# 小さいもの

デザインの良さや魅力がぎゅっと凝縮されているように感じられるからなのか、なぜか小さいものに惹かれてしまいます。それは普段の生活に欠かせない日用品や雑貨についても例外なくそうです――例えば豆皿やスプーン、フォークだったり、左頁で紹介しているミニチュア玩具だったり。さらにどことなく丸みのある形やムダがそぎ落とされたシンプルなデザインのものを見つけると「これは我が家にむかえねば」とついつい思ってしまうのです。

# 日用品以外も小さいもの好き

ミニチュアを集め始めたのは幼少のころ。想像力を掻き立てられる、一種おままごとのようなことかもしれません。集めるものはごく普通のありふれた生活にあるものばかり。でも細工が細ければ細かいほど、そのリアルさになんだかうれしくなってしまう。まるでついさっきまでそこに人がいたような気配さえ感じられるような気がしてしまうのです。

## 小さな豆本

豆本を一輪のお花に載せたワンカット。極小サイズなのにちゃんと中身が書かれているのに驚きます。

## 実は隠れたミニチュアマニアです

昔の喫茶店シリーズのミニチュア。ケーキスタンドをテーブに見立ててセッティングしたもの。インスタグラムでも評判になりました。

好き嫌いがはっきりしている――「表現者」としてはこれだけでうまくいく確率はかなり高いと思っています。家のこととなると弓庭はこの傾向がとても強く、好きなものは好きと言い、好みでないものについては顔を歪める――彼女は中間のグレーゾーンがありません。このことに気づいた時、「これはモノになるかもしれない」と直感しました（カフェノマは「弓庭の考え」を「刈込がプロデュースする」ことで、ここまでやってきました）。感覚的なものなので理由ははっきりしないけど、結論はすでにあるような状態です。理屈で理解できないところで物事が決まるプロセス、これはなかなか真似ができないなと思ったのです。そんな彼女の家に対する「思い」を言葉にし、写真に収めていくことが、この本における私の最大の役割でした。

カフェノマ　刈込隆二

好きな家のイメージが幾重にも重なりすぎて、「なぜその家が好きなのか」や「好きのルーツがどこにあったのか」ということをなかなか思い出すことができませんでした。この本の執筆に取り掛かって以来、その「なぜ」の理由を言葉にすることにとても苦労してきました。お気に入りは無意識なものとして、すでに自分のなかの奥深いところに存在してしまっているようなのです。

物心付いた頃にはすでに家が好きな子どもで、それも美術館や図書館のような建物ではなく人の住む家――人の生活が透けてみえるような家に興味を惹かれてきました。特別なものではなく、日常にある普通の生活がなにより好きなのです。その思いが最初カタチになったのは、いまから10年以上前、新築のマンションを購入したときでした。間取りから自由に設計できたおかげで、自分の中の「好き」をたくさんこの家に込めることができました。

そんな「好き」の理由を探し、言葉に置き換え、それがちゃんと表現できているか一つ一つ確かめるようにして、この本は出来上がりました。家での何気ない毎日がほんの少し楽しくなるような、そんなきっかけになれるとしたらこんなに嬉しいことはありません。

カフェノマ　弓庭暢香

1

2

3

4

5

6

7

8

9

# コーヒーのある心地いい暮らしを提案しています

コーヒーのある心地いい暮らし。インスタグラムで発信し始めた私たちのライフスタイルの提案を、実際のプロジェクトでもカタチにするようになりました。それぞれのプロジェクトでは、刈込がクリエイティブ・ディレクター兼カメラマンを、弓庭は空間デザイナー兼イラストレーターを務めています。本書では、自宅やアトリエ以外にも今までに携わ

## cafenoma's work

ったプロジェクトの写真を交え、私たちの住まいづくりの考えをまとめました。ここでは、本書で取り上げたプロジェクトをまとめてご紹介します。

10

11

12

13

14

15

16

17

18

1 → 3 リノベーションマンション（神奈川県川崎市）／コスモスイニシア
［紹介頁：120上、121上、123上］

4 → 6 リノベーションマンション（神奈川県相模原市）／コスモスイニシア
［紹介頁：41、49、123下］

7 → 10 新築分譲マンション（神奈川県横浜市）／コスモスイニシア
［紹介頁：26-27、53、120下、121下］

11 → 18 岩沼朝日オープンハウス／セキスイハイム東北、積水化学工業 住宅カンパニー
［紹介頁：37、48、52、79、80下、110、126、127］

cafenoma

カフェノマ

クリエイティブ・ディレクター刈込隆二（かりこみ・りゅうじ）と空間デザイナー弓庭暢香（ゆば・のぶか）からなる夫婦ユニット。国際線の客室乗務員として世界中を飛び回り、現地で見聞きした思い出や経験を活かし、弓庭がスタイリングを、長年デザイン業界で活躍する刈込が撮影を担当し、自宅での『コーヒーのある生活』を綴る様子がインスタグラムで話題になり、フォロワーが10万人を超え人気を集める。毎年活動の幅を拡げ、空間プロデュース、ビジュアルコミュニケーション、オリジナルプロダクツ開発、接客・サービスのノウハウ提供などを行っている。

オフィシャルページ
https://cafenoma.style/
インスタグラム
https://www.instagram.com/cafe_no_ma/

# 最高の暮らしを楽しむ
# 住まいのレシピ

Everyday
enjoy coffee
at home

2019年6月5日　初版第1刷発行
2019年7月9日　第3刷発行

著者　cafenoma

発行者　澤井聖一

発行所　株式会社エクスナレッジ

〒106-0032
東京都港区六本木7-2-26
http://www.xknowledge.co.jp/

問合せ先　編集　Tel　03-3403-1381
Fax　03-3403-1345
info@xknowledge.co.jp
販売　Tel　03-3403-1321
Fax　03-3403-1829